entscheidend leben!

Der Wandel von einem eingebildeten Besserwisser zu einem liebenswerten Menschen

Mein aufrichtiger Dank gilt

Daniel Huchler

Ohne sein Coaching,
die gemeinsame Freundschaft
und seinen tiefen Glauben an mich,
wäre dieses Buch nicht entstanden

Tibor Mink

entscheidend leben!

Der Wandel von einem eingebildeten Besserwisser zu einem liebenswerten Menschen

Wertvolle Tipps aus dem Leben zur sofortigen Umsetzung

Bibliografische Information der Deutschen Nationalbibliothek

Die Deutsche Nationalbibliothek verzeichnet diese Publikation
in der Deutschen Nationalbibliografie; detaillierte bibliografische Daten
sind im Internet unter http://dnb.d-nb.de abrufbar.

2. Auflage

Tibor Mink Verlag
ISBN: 978-3-949297-00-7

Inhaltsverzeichnis

Danke

Dieses Buch wäre ohne viele Menschen in meinem Leben nie möglich gewesen. Es gibt eine unzählige Menge an wundervollen Menschen, die dazu beigetragen haben, wo ich heute stehe. Einige wenige möchte ich besonders hervorheben und ihnen meinen Dank hier aussprechen, da sie den größten Einfluss auf mein Leben und insbesondere auf meinen heutigen Weg hatten.

Der erste Dank gebührt meinen Eltern und insbesondere meiner Oma. Ohne diese drei Menschen wäre ich nicht (mehr) am Leben. Sie haben mir das Leben geschenkt, bzw. mich permanent durch die ersten 20 Jahre mehr oder weniger intensiv begleitet.

Mein Vater ist einer der liebenswertesten und gastfreundlichsten Menschen, die ich je kennenlernen durfte. Von ihm habe ich mein Lachen, die Lust, mit anderen Menschen einen Tisch zu teilen und Zeit zu verbringen, meine Verletzlichkeit und viele weitere Eigenschaften. Er ist maßgeblich für meine Herzlichkeit verantwortlich, und dafür bin ich dir unendlich dankbar, Papa. Durch ihn habe ich auch schon früh angefangen, Geld zu sparen, und obwohl er mir vieles auch finanziell ermöglicht hat, begonnen, seinem Beispiel zu folgen und schon während der Schulzeit für mein Geld zu arbeiten. Ich danke dir von ganzem Herzen für deine Liebe!

Meine Mutter war in meiner Kindheit oft überfordert und konnte mir nicht das geben, was sie gerne wollte. Für diese Offenheit, mir das zu sagen, danke ich dir so sehr, Mama! Das hat mir ein neues Level von Vertrauen und Offenheit geschenkt. Heute ist sie einer meiner größten Fans und steht mit vollem Glauben hinter mir, wie ich es mir nicht stärker wünschen könnte. Ich spüre ihre Liebe und ihren Halt, und das erfüllt mich mit Glück. Danke, dass wir so zueinander gefunden haben und du so zu mir stehst, Mama!
Meine Oma war während meiner Jugend wie eine Mutter für mich.

Ich habe jeden Tag, den ich nicht bei Freunden verbracht habe, zumindest teilweise bei ihr verbracht. Sie ist der wohl liebevollste Mensch, der mir in meinem bisherigen Leben begegnet ist. Ihr habe ich eine unendliche und bedingungslose Liebe zu verdanken, die sie mir geschenkt hat. Danke dir, Oma!

Ein weiterer, wirklich wichtiger Mensch in meiner Entwicklung ist meine Ex-Freundin **Denise**, die mich durch ihr eigenes Interesse daran überhaupt erst zur Persönlichkeitsentwicklung geführt hat. Sie hat mir außerdem Stärke zugesprochen, den Weg in die Selbstständigkeit zu gehen und war die erste Frau, die außerhalb meiner Familie meine Liebe erwidert und mir ein neues Ich gezeigt hat. Durch unsere knapp sechsjährige Partnerschaft, die vielen Herausforderungen, ihre besondere Art und dass sie mich oft gespiegelt hat, konnte ich mich dank ihr prächtig entwickeln. Dein Beitrag zu meiner Entwicklung ist so groß, dass ich dir auf ewig unendlich dankbar bin, das weißt du ja bereits! Danke, Denise!

Besonders dankbar bin ich außerdem meinem Freund und Geschäftspartner **Rik**, ohne den ich heute vermutlich nicht selbstständig wäre, noch kein eigenes Unternehmen und nach wie vor ein schlechtes Bild von der Finanzbranche hätte. Danke dir, dass du immer wieder für mich da bist und gemeinsam mit mir einen Großteil des bisherigen Weges Seite an Seite mit mir gegangen bist. Danke für dein Vertrauen in mich, das du immer hast, auch wenn du mal wieder nicht genau nachvollziehen kannst, was meine Beweggründe sind oder den Weg selbst nicht siehst.

Daniel Huchler! Der Mann, der mir die Hand gereicht und mich zu mir selbst geführt hat. Daniel ist für mich die Schlüsselperson auf meinem Weg zum Erfolg. Er hat mir so viel gegeben und mich bereits so viel gelehrt, dass es kaum in Worte zu fassen ist. Dass du in mein Leben getreten bist, Daniel, hat mein Leben komplett auf den Kopf gestellt. Nichts ist mehr so wie davor. Es gab keine größere Veränderung als dich. Durch dein Coaching hat sich alles verändert.

Ich habe endlich zu mir gefunden, gelernt, mich zu lieben, gelernt mich zurückzunehmen, gelernt, das Leben zu leben, gespürt, wo mein Potenzial liegt und noch vieles mehr. Du bist der Mensch, der am meisten an mich glaubt. Stärker als ich selbst an mich geglaubt habe. Durch deine herzliche und gleichermaßen zielstrebige Art und deinen Kampfgeist, den du auch auf mich übertragen hast, bin ich zu der Stärke gekommen, die ich jetzt habe. Danke, dass du mir gezeigt hast, was es heißt zu vergeben. So konnte ich eine komplett neue Beziehung zu mir sehr wichtigen Menschen aufbauen. Ich danke dir, dass du mich zu mir selbst geführt hast und ich so lernen durfte, was bedingungslose Liebe ist und wie ich diese geben kann. Du hast mir gezeigt, was es bedeutet, ein Coach zu sein. Du hast mir gezeigt, zu was ich im Stande bin. Danke für alles!

Ein weiteres großes Dankeschön geht an **all die weiteren Menschen**, die zu meinem Leben einen riesigen Teil beigetragen haben. Meine Freunde, meine Familie, meine ehemaligen Bekannten und sogar die Menschen, die mir Schlechtes angetan haben. Durch diesen Schmerz bin ich gewachsen. Alle Erlebnisse haben mich zu dem gemacht, der ich heute bin. Ich danke euch allen für die Liebe, den Schmerz, die Kraft und alle Emotionen, die ihr mir geschenkt und in mir ausgelöst habt.

Danke!

Vorwort

Lieber Leser,

danke, dass du dieses Buch gekauft hast und dich so auf die Reise begibst, dein neues Ich kennenzulernen. Sich mit sich selbst zu beschäftigen und kontinuierlich zu wachsen, ist das Größte, das wir tun können. Das höchste Ziel eines jeden Menschen ist die Selbstverwirklichung. Es ist das Wichtigste, das du tun kannst, nach dir selbst zu schauen und immer weiter an dir und deinen Zielen zu arbeiten. Schließlich gibt es nur einen Menschen, den du dein Leben lang an der Backe hast, und das bist du selbst. Demnach ist es in deinem Sinne, dich zu entwickeln und ein absolut glückliches Leben zu verbringen. Wertschätzung und ein positives Verhalten dir selbst gegenüber ist entscheidend und bestimmt darüber, was für ein Leben du führst und zu was du fähig bist. Du hast ein Leben geschenkt bekommen, um das Beste daraus zu machen. Dazu hast du bereits alles in dir, was du benötigst. Also mach etwas daraus. Den ersten Schritt hast du schon getan, indem du dir dieses Buch gekauft hast. Jetzt gilt es, das Ego wegzupacken, die Dinge umzusetzen und dein Leben positiv zu gestalten.

Dieses Buch ist in der „Du-Form“ geschrieben, da Menschen sich so besser damit identifizieren können und du somit den maximalen Mehrwert bekommst. „Sie“ ist zu unpersönlich. Wenn dir das nicht passt und du damit nicht leben kannst, weil du es als frech empfindest, mache in deinem Kopf aus dem „Du“ einfach ein „Sie“ oder streiche jedes „Du“ mit einem Stift durch, ersetze es und schon passt's. Sollte das Lesen dieses Buches für dich eine Qual sein, dann verschenke es bitte. Mir ging es auch schon oft so, dass ich ein Buch angefangen habe zu lesen und dann in kürzester Zeit dachte, das kann doch wohl nicht wahr sein. So ein sch**ß Buch! Das Thema ist langweilig, der Stil gefällt mir nicht, oder der Autor ist ein Arschloch. Den letzten Punkt behandle ich sogar im ersten Kapitel. Wenn es dir genau so geht, dann quäle dich nicht. Wozu denn auch?! Das Leben ist viel zu wertvoll und kurz, um es mit Dingen zu füllen, die keinen Spaß machen und die dich nicht weiterbringen. Ärgere dich nicht, sondern ändere einfach deine Situation. Respekt vor sich zu haben und sich zu schätzen, gehört zu den wichtigsten Dingen im Leben.

Dich hat der Titel angesprochen, und du möchtest endlich in die Veränderung gehen? Die meisten Menschen sind eingebildet und stolzieren durch die Gegend, ohne dass sie jemals etwas Nennenswertes erreicht haben. Ist dir das schon mal aufgefallen? Vielleicht siehst du so jemanden sogar beim Blick im Spiegel? Mir ging es jedenfalls so. Wichtig für die Veränderung ist, dass du eine absolute Offenheit an den Tag legst und du deinem Ego auf Nimmerwiedersehen sagst. Dann kannst du dich fragen, woher das Verhalten kommt, ob das schon immer da war und - am aller wichtigsten - in die Lösungsfindung gehen. Bist du bereit, den Weg zu gehen und die vollkommene Veränderung zu erleben? Dann gilt es jetzt, den ersten Schritt zu gehen und ein Selbsteingeständnis zu wagen. Lies das Buch aufmerksam und gehe direkt in die Umsetzung. Jetzt und sofort, es gibt keinen Grund für dich zu warten.

Du hast etwas Wundervolles geschenkt bekommen - dein Leben. Mach daraus eine absolute und wundervolle Meisterleistung und ein großes Meisterwerk, sodass du am Sterbebett nichts zu bereuen hast und dir nicht sagen musst „Ach hätte ich doch nur …". Wenn du eine Meisterleistung an den Tag legst, kannst du zu jeder Zeit stolz auf dich und dein Leben sein. Das passiert natürlich nicht von selbst, sondern dafür musst du auch etwas tun. Erfolg ist keine Tür, sondern eine Treppe. Das heißt, dass du jeden Tag deinen Teil dazu beitragen darfst, um deinem Ziel näherzukommen.

Da dieses Buch dich in die maximale Umsetzung bringen soll, findest du immer wieder Aufgaben, die du bearbeitest. Bitte löse diese sofort und verschiebe sie nicht auf später. Auch mir ist die „Verschieberitis“ kein Fremdwort und ich kann ein Lied davon singen. Wenn du allerdings den vollen Mehrwert aus dem Buch mitnehmen möchtest, dann führt kein Weg daran vorbei, die Dinge auch genau so zu machen, wie sie hier stehen. Es wäre äußerst schade, wenn du das Buch bis zum Ende liest und sich dann nichts in deinem Leben ändert. Dann kannst du dir die Zeit auch direkt sparen und in deinem Alltag verweilen, denn nur, wer wirklich etwas ändern will, der hat auch die Chance dazu.

Ich wünsche dir von Herzen das Durchhaltevermögen und dass du es schaffst, dein Ego abzulegen, damit du endlich ein freies und erfolgreiches Leben ohne Überheblichkeit und Arroganz leben kannst.

Egal, wie du dich entscheidest, ich wünsche dir

alles Liebe und Gute!

Dein

Tibor Mink

2. Vorwort

Liebe Leserin, lieber Leser,

lieber Tibor,

es ist mir eine unglaubliche Ehre, dieses Vorwort für dieses großartige Meisterwerk zu schreiben. Ein entscheidendes Leben zu leben, ist einfach eine so gigantische Aussage, haben wir doch nur dieses eine Leben. Dieses Buch wird so viele Menschen inspirieren und begeistern, das erfüllt mich mit großer Freude und Dankbarkeit für die großartige Arbeit, die Tibor Mink leistet. So viele Menschen richten sich nach den Standards innerhalb der Gesellschaft. Gehe zur Schule, schreibe gute Noten, gehe studieren, suche dir einen anständigen Job, und dann hast du es gepackt. Ein Leben, wie es die Gesellschaft als normal ansieht, scheint für viele Menschen das Mittel der Wahl zu sein. Wen wundert das auch schon, denn man bekommt diese Weltansicht von den Eltern und in der Schule jeden Tag eingetrichtert.

Deswegen finde ich diese Aussage, nicht irgendein Leben zu führen, sondern ein **entscheidendes**, einfach genial. Es ist dein Leben, und das Leben ist viel zu kostbar und einzigartig, um nur ein mittelmäßiges Leben zu führen. Mache viel lieber eine ganz große Meisterleistung aus dem Geschenk, was sich dein Leben nennt. Dieses großartige Buch ist hier wie ein Leitfaden für ein gigantisches und glückliches Leben. Lies und arbeite mit dem Buch, denn es wird deine Welt verändern, wenn du es zulässt.

Mein Name ist Daniel Huchler, und Tibor bat mich als sein Coach, dieses Vorwort zu schreiben. Er schenkte mir das Vertrauen, und so haben wir gemeinsam gearbeitet. Was sich daraus entwickelt hat, ist einfach unbeschreiblich. Tibor ist so ein wundervoller und herzlicher Mensch. Ich kenne keinen Menschen, der so dankbar und wertschätzend ist wie Tibor, er lebt und liebt die Persönlichkeitsentwicklung wie kein anderer. Aus diesem Grund hilft er anderen Menschen dabei, ihr volles Potenzial zu entfalten und begleitet sie auf ihrem Erfolgsweg. Der große Durchbruch kam für Tibor beim VIP Coaching in Venedig, als er auf dem San Marco Platz in Venedig und bei der anschließenden Fahrt durch den Canale Grande sein großes „Warum“ gefunden hat. Das war ein herzergreifender Moment. Menschen dabei zu unterstützen, nicht einfach vor sich hinzuleben, sondern einfach das Leben nach den eigenen Wünschen zu gestalten. Menschen hierbei zu unterstützen, ist Tibors Antrieb. Dafür schrieb er auch dieses Buch.

Dieses wunderbare Buch ist direkt vom Herzen geschrieben und ist deshalb absolut ehrlich, und er nimmt hier kein Blatt vor den Mund. Das erfährst du sofort in den ersten Kapiteln, in denen Tibor mit sich und seinem Ego ins Gericht geht. Tibor beschreibt, wie er früher war und wie es dazu kam, etwas in seinem Leben zu verändern. Er zeigt hier eindrücklich, was alles möglich ist und was hier jeder aus seinen Erfahrungen lernen kann. Damit sich etwas im Leben verändert, bedarf es immer einer Entscheidung. Auch hier beschreibt Tibor sehr eindrücklich, wie es ist, große Entscheidungen zu treffen, die dein Leben für immer verändern.

Im nächsten Kapitel beschreibt Tibor, warum Selbstzweifel der große Killer sind. So viele Menschen plagen sich mit Selbstzweifeln und sabotieren sich somit ständig selbst. Zweifel sind hier keine Realität, sondern nur deine eigene Kreation im Kopf, woher kommen also diese ständigen Zweifel? Dieser Frage geht Tibor auf den Grund und zeigt Wege, wie sie jeder loswerden kann, denn mit Zweifeln gewinnst du nicht. Auch die nächsten Kapitel haben es wirklich in sich. Du erfährst alles, was du über Erfolg wissen musst und auch, wie du mit Ängsten umgehst. Danach folgt ein intensives Kapitel zum großartigen Thema „das richtige Mindset“, also mit der richtigen Einstellung an den Start zu gehen. Damit du auch das entsprechende Durchhaltevermögen aufbringst, erfährst du, warum

Erfolg einen starken Motor braucht und worauf es hier genau ankommt.

Zum Abschluss zeigt Tibor sein Herzstück, indem er dir zeigt, wie du mit Dankbarkeit und Wertschätzung zu Erfolg kommst und ein glückliches und erfülltes Leben führst. So lebst du ein Leben außerhalb der Norm. Du bist es Wert, ein entscheidendes Leben zu leben, du bist einzigartig und ein genialer Mensch. Lebe deine Genialität und lebe ein entscheidendes Leben.

Auf deinem Weg wünsche ich dir das Allerbeste, ganz viel Freude, Erfolg und Gesundheit. Lasse dich auf deinem Weg begleiten und nimm Hilfe an. Das ist so viel einfacher und leichter, das ist der absolute Königsweg.

„Wessen wir im Leben am meisten bedürfen, ist jemand, der uns dazu bringt, das zu tun, wozu wir fähig sind.“
Ralph Waldo Emerson

Das ist mein Leitspruch, der mich seit Jahren begleitet. Meine Empfehlung, besuche die Seminare von Tibor Mink, er macht seine Seminare mit einer unglaublichen Hingabe und Leidenschaft. Ich wünsche dir ganz viele Toperkenntnisse aus dem riesigen Erfahrungsschatz von Tibor.

Herzlichst dein

Daniel Huchler
www.danielhuchler.de

Wie du mit dem Buch arbeitest

Die meisten Menschen lesen Bücher einfach im Schnelldurchlauf so ganz nach dem Motto „Wieder ein Buch gelesen, Haken dran!" Wenn das dein Ziel ist, dann kann ich dir sagen, dass es bestimmt spannendere Bücher gibt, die du mal eben überfliegen kannst. Wenn du allerdings wirklich eine Veränderung erzielen willst, dann achte genau darauf, was du mit diesem Buch machst und wie du damit arbeitest. Wenn du in der Zeitung einen Artikel liest, ebenso ein Buch, arbeite damit. Setze dich vollständig damit auseinander, wenn es für dich von Relevanz ist. Das ist ein wichtiger Schritt, denn dadurch bleiben dir die Dinge im Kopf und werden somit ein Teil von dir selbst. Wir müssen bei diesem Prozedere immer wieder gegen die Macht der Gewohnheit und gegen gesellschaftliche Normen kämpfen. Gewohnheiten sind so mächtig, dass sie unseren Alltag maßgeblich bestimmen und uns häufig über Jahre oder sogar Jahrzehnte hinweg begleiten. Sie sind tief verankert und laufen meist automatisch ab. Pass genau auf, denn jede Gewohnheit wird zu einem festen Teil von uns. Somit werden auch neue Bestrebungen oftmals sabotiert, und diese haben kaum eine Chance, sich neu zu verankern, sodass die gewünschte Änderung eintritt.

Habe immer dein Werkzeug parat

In der Schule habe ich es gehasst und Bücher meistens nicht gelesen oder wenn, dann kurz überflogen. Damit gearbeitet habe ich nie. Für mich war es irrational, in ein Buch zu schreiben, das ich gekauft habe. Auch bis vor nicht allzu langer Zeit noch. Heute arbeite ich permanent mit Bleistift, Leuchtmarker, Kugelschreiber oder Filzstift. So kann ich wichtige Dinge sofort aufschreiben oder markieren, um sie leichter zu finden, denn ich habe weder Lust noch Zeit, manche Passagen wieder von Anfang an zu lesen, wenn ich etwas nachschlagen will. Dadurch kann ich bei Wiederholungen direkt auf die einzelnen Passagen springen. Gestalte dir dein Leben möglichst effizient und zielorientiert. Somit hat auch

Erfolg nichts mit Glück zu tun, von dem oft behauptet wird, dass es ohne nicht geht. Mit einem klaren System kommst du viel einfacher und eben systematischer voran.

Jede Seite hat zwei Hälften

Für mich war dies ein absoluter Durchbruch beim Lesen von Büchern. Wenn du eine Seite liest, dann unterbrich ungefähr in der Mitte der Seite kurz und überlege dir, was für dich in diesem Abschnitt die wichtigste Erkenntnis ist. Schreib sofort diese Erkenntnis in das obere weiße Feld, und halte dich dabei möglichst kurz. Schreibe keine Romane, sondern einen einzigen Satz oder auch ein Stichwort. So viel, dass du dich beim späteren Überfliegen des Buches direkt an die Quintessenz der Erkenntnis erinnerst. Das Gleiche machst du mit der unteren Hälfte. So hast du pro Seite bereits mindestens zwei Erkenntnisse und aus dem Buch garantiert einen enormen Mehrwert mitgenommen. Wenn es für dich interessante Passagen gibt, markiere diese mit dem Leuchtmarker. Dadurch kannst du schnell darauf zurückgreifen.

Deine Goldnuggets

Jedes Kapitel hat am Ende Platz für dein persönliches Goldnugget, das heißt für deine absolute Top Erkenntnis und deinen Schlüssel zur Veränderung. Am Ende des Buches findest du eine Seite, in der du nochmal alle Goldnuggets einträgst und für dich festlegst, bis wann die Umsetzung oder Veränderung in Kraft tritt. Wenn du die Veränderung besonders bekräftigen willst, dann schreibst du deine Goldnuggets auf kleine Karten und verteilst sie entweder überall dort, wo du dich oft aufhältst, oder du packst sie in deinen Geldbeutel. Ebenso gibt es Apps, welche es dir ermöglichen, dass du jeden Morgen auf deinem Smartphone eine andere deiner Erkenntnisse angezeigt bekommst.

Wiederholung schafft Wirklichkeit. Je öfter du diese Prozesse also wiederholst und auf deine Karten schaust, desto stärker wird die Umsetzung. Veränderung ist immer ein Prozess, den du bewusst steuern musst. Unterliege nicht dem Irrglauben, dass sich die Dinge von allein erledigen. Ohne dein aktives Tun tut sich nichts.

Gehe disziplinier vor

Wie oft hast du in deinem Leben Dinge auf später oder morgen verschoben? Und wie häufig hast du sie schlussendlich in die Tat umgesetzt? Darüber sollten wir wahrscheinlich lieber nicht reden, oder?! Du kennst es sicherlich, ständige Verschieberitis ist eine große Untugend und führt ins Nichts. Die Gefahr ist groß, dass du das Buch einfach durchliest, um später in die Tiefe zu gehen und die Aufgaben zu lösen. Du hast das Buch gekauft, um etwas zu erreichen, oder? Erledige die Aufgaben und Übungen sofort. Je intensiver du mitmachst, desto leichter und schneller wird es in dein Leben implementiert.

Der Matrix Paragraf

Bevor du jetzt anfängst, das Buch zu lesen, ist es noch entscheidend, eine Entscheidung zu treffen. Inspiriert durch das Buch *Bist du es dir Selbstwert* ist der Matrix Paragraf nach dem gleichnamigen Film *Matrix* entstanden. Der Protagonist *Neo* wird vor die Wahl gestellt, ob er die rote oder blaue Pille nimmt. Mit der blauen Pille vergisst er alles, was er über die Matrix (im Film ein durch künstliche Intelligenz betriebenes, technisches Gefängnis für das Gehirn) gehört hat und kommt zurück in seine heile, systemgesteuerte Welt. Die rote Pille holt ihn aus der Matrix in die reale Welt, zur Wahrheit, und es gibt kein Zurück mehr. Da die Wahrheit sehr schmerzlich sein kann, musst du bereits hier eine Entscheidung treffen. Nimmst du die rote Pille und liest weiter oder nimmst du die blaue Pille und verschenkst das Buch lieber weiter? Sei dir der Konsequenzen beider Entscheidungen bewusst.

Was war ich für ein eingebildetes Arschloch

Kennst du Menschen, die meinen, sie wüssten alles, könnten alles und seien die Allertollsten? So einer war ich. Und das noch bis vor gar nicht allzu langer Zeit. Eingebildet im Glauben zu sein, schon alles zu wissen, ist ein unfassbar starker Erfolgshemmer, da du so nie bereit bist, noch groß zu lernen. Wer nicht bereit ist zu lernen, der wächst nicht, und was nicht wächst, das stirbt. Die Natur lebt es uns vor. Ein Baum wächst solange in Richtung Sonne und Himmel, bis der Sterbens- und Verfallsprozess einsetzt. Ebenso ist es mit uns Menschen. Wir entscheiden, ob wir schon mit etwa 20 Jahren sterben, auf die „wohl verdiente" Rente zusteuern und dann langsam, aber sicher Richtung geistigem Stillstand streben, oder ob wir permanent wachsen und höhere Ziele haben.

Ich bin ein toller Hecht

Kommen wir nochmal zurück zu meinem egogetriebenen Ich, der schon alles konnte und wusste. In meiner Welt war ich ein besonders toller und erfolgreicher Mensch und habe so auch auf die Welt geblickt. Meine Sicht war sehr beschränkt, und ich habe Hilfe stetig abgelehnt, wenn sie mir angeboten wurde, da ich es besser wusste.

Mit 25 Jahren hatte ich schon so viel erreicht. Ein wunderbarer Studienabschluss! Bachelor! Anschließend „Karriere" in einem Konzern im Projektmanagement, wo ich bereits mit Anfang 20 das zum damaligen Zeitpunkt unternehmensweit größte Projekt als einer von sechs Teilprojektleitern leiten durfte. Dazu war ich noch Chief Information Security Officer und sowieso der Allercoolste. Dann folgte noch der Kauf einer Immobilie, und damit war ich selbstverständlich auch bereits Großinvestor. Der Schritt in die Selbstständigkeit hat mir dann den Rest gegeben.

Vor allem, nachdem ich den Mut zusammengebracht hatte, meinen atemberaubenden und schrecklich sicheren Job zu kündigen und voll durchzustarten in der Finanzbranche. Toll, oder?

Der große Unternehmer

Mitte des Jahres 2019 kam dann die Gründung meines eigenen Unternehmens, der BOOM GbR, im Speaker-Bereich mit meinem Geschäftspartner Rik. Spätestens jetzt war ich der größte Erfolgsmensch aller Zeiten und wusste alles besser.

Was ein Schwachsinn.

Nur weil du eine GbR gegründet hast, bist du noch lange kein Unternehmer. Zum Unternehmersein gehört viel mehr, was jedoch nicht im Mittelpunkt dieses Buches steht. Jedenfalls reicht es nicht, mal hier und da ein paar tolle Veranstaltungen zu machen und Menschen dazu zu bewegen, sich an einem gemütlichen Abend bei Kaltgetränken ein bisschen berieseln zu lassen. Wir hatten kein wirkliches Konzept und waren am Rumprobieren. Verstehe das bitte nicht falsch, solltest du gerade frisch gründen wollen, dann ist das kein falscher Schritt, ganz im Gegenteil. Wir konnten auch sehr viel aus dieser Zeit lernen. Das größte Learning dabei ist jedoch, direkt mit einem funktionierenden System zu starten oder sich Unterstützung von einem Profi zu holen. Es ist keine Schande, nach Hilfe zu fragen. Außer natürlich du bist eingebildet. So, wie ich es war.

Für was sind manche Menschen eingebildet?

Warum nicht einfach authentisch und herzlich sein? Das ist eine gute Frage. Vielleicht ist dir schon mal aufgefallen, was die meisten eingebildeten Menschen für Ergebnisse haben. Keine, richtig. Die Größten und Tollsten, die sich präsentieren bis zum geht nicht mehr, haben meistens noch nichts erreicht. Doch was bekommst du als eingebildeter Mensch schnell und sehr einfach?

Oberflächliche Anerkennung. Darin bin ich Profi. Ich war so lange oberflächlich unterwegs und habe Menschen angezogen wie Motten im Licht. Doch was bringt es am Ende? Wenn du eingebildet bist, verlierst du am Ende alles, da nichts wirklich ehrlich ist und deine Beziehungen auch eher oberflächlich aufgebaut sind. Hinterfrage dich mal ehrlich, wie ist das bei dir? Bist du oft oberflächlich unterwegs und etwas Besseres, oder bist du bereit, Feedback anzunehmen und zu wachsen?

Dein Fazit: ____

Wenn du nicht sprechen kannst, dann halt den Mund!

Auf einem unserer BOOM Events war mein heutiger Coach Daniel Huchler als Speaker eingeladen. Er war zum damaligen Zeitpunkt Coach für meinen Geschäftspartner, und so haben wir ihn eingeladen. Nach einem kurzen Telefonat war direkt eine starke Sympathie zu spüren und das Kennenlernen auf dem Event selbst, war, als würden wir uns schon Jahre kennen. Auf dem Event waren ca. 60 Personen, und es war eine super Stimmung. Der Vortrag war spektakulär, und Daniel hatte eine Meisterleistung vollbracht. Rik und meine Wenigkeit waren so damit beschäftigt, uns dafür zu feiern, was wir aufgebaut haben, dass wir mit unseren Karteikarten vorne auf der Bühne die absoluten Kings waren. Zu dem Zeitpunkt war mir das nicht bewusst, und ich war überzeugt davon, dass wir eine Top Performance an den Tag legten. Im Nachhinein betrachtet völlige Einbildung. In jedem Satz war mindestens ein „ähm", wir haben das meiste von den Karteikarten abgelesen und waren vollkommen im Kopf. Nur wenig kam von Herzen. Und warum? Weil wir versucht haben, es besonders gut zu machen.

Das ist ein phänomenales Learning, welches ich dir mitgeben möchte, lieber Leser. Immer, wenn du versuchst, eine Meisterleistung zu vollbringen, dann machst du es anders als normal und damit automatisch schlechter, wenn du normalerweise täglich großartig unterwegs bist und weißt, was du tust.

Meinung über Menschen, die ich nicht kenne

Nicht nur, dass ich ehrlicherweise noch ein absoluter Anfänger im Sprechen und wie ein Krösus unterwegs war, habe ich gleichzeitig auch noch große Vorurteile gehabt. An besagtem Tag hatten wir auch einen Gast, den ich noch nie gesehen hatte und bei dessen Anblick ich sofort dachte „Ach du Sch**ße, was will der denn hier? Ein älterer, wohlgenährter Mann mit grauer, zotteliger Mähne, viel zu großen Jeans Hosen mit vollgestopften Taschen, einem gemusterten Hemd, das über dem beachtlichen Bauch aus der Hose hängt. Und dann noch dieser Pulli, der über die Schultern gelegt ist. „Was ist das für ein komischer Vogel, und was will der alte Mann hier?“ Das waren meine Gedanken. Statt einfach froh zu sein, einen weiteren Gast zu haben und offen dafür zu sein, welche Persönlichkeit hinter diesem *merkwürdigen* Auftreten steckt, hatte ich direkt Vorurteile. Ist dir das auch schon passiert, dass du viel zu voreilig über Menschen geurteilt hast?

Mache dir hierzu Gedanken und schreibe deine schlimmsten fünf Momente auf, in denen du andere Menschen völlig zu Unrecht be- und verurteilt hast.

1.) ____

2.) ____

3.) ____

4.) ____

5.) ____

Hast du deine fünf Momente gefunden? Ansonsten überlege

nochmal, wo du Menschen beurteilt hast oder dies sogar noch aktiv tust. Reflexion ist unglaublich wichtig, und die Selbsterkenntnis ist immer der erste Schritt der Veränderung. Wenn du dieses Buch also gekauft hast, um wirklich zu wachsen, dann mache jede dieser Übungen absolut gewissenhaft.

Wie sich später herausstellte, war der Mann aus der Beschreibung Daniels Coach und Mentor. Ich bin vom Glauben abgefallen. Das kann doch nicht sein *Ernst* sein?! Und doch, genau das war sein Ernst. Ernst Crameri, sein damaliger Mentor.

In meiner damaligen Welt konnte das nicht sein, dass ein hochkarätiger Coach wie Daniel Huchler einen solchen Mentor hatte. Krass, oder?! Was für Vorurteile rein aufgrund des Erscheinungsbilds! Zum Schluss der Veranstaltung hat Ernst mit einer Klarheit und Power in der Stimme gesprochen, die mich erschaudern ließ und uns gesagt, wie begeistert er von uns ist. Faszinierend, wie sehr man sich täuschen kann.

Dein Fazit: ____

Ich wusste alles und konnte alles.

Nach der Veranstaltung haben wir noch mit Daniel und Ernst gesprochen, und ich war einfach nur fasziniert, was die beiden bewegten. Da ich ohnehin halbherzig auf der Suche nach einem Coach war, habe ich mich dann mit Daniel zu einem Video-Call verabredet. Die Details erspare ich euch an der Stelle und das Resümee ist, dass ich ihn als meinen Coach beauftragt habe. Im Laufe dieses Coachings hat mein Ego langsam angefangen zu bröckeln, ich wusste jedoch immer wieder alles besser. Als Daniel uns angeboten hat, ein spezielles Coaching zum Business-Aufbau von BOOM zu geben, haben wir dankend abgelehnt und behauptet, wir wüssten schon, was wir da täten. Pustekuchen. Aus heutiger Sicht weiß ich, dass uns mit hoher Sicherheit etwa eine halbe Million Euro Umsatz und damit auch eine ähnliche

Summe an Gewinn flöten gegangen ist, da wir ohne System weitergemacht haben. Hobbymäßig. Noch viel schlimmer ist, dass wir zwar vielen Leuten seichten Input auf unseren Veranstaltungen gegeben haben und etliche Leute zum Denken anregen konnten, jedoch keine wirkliche, nachhaltige Veränderung erzeugt haben. Wir hatten Glück, dass wir dafür nicht, gemäß §323c StGB, in den Knast gekommen sind. Ein Glück ist es, bis auf Daniel, Ernst und einem Coach von Rik, niemandem aufgefallen.

Hattest du auch schon Momente, in denen du im Nachhinein dachtest „Wieso habe ich das nicht gemacht …"? Gehe zurück zu diesen Momenten, mache dir Gedanken, warum du es nicht gemacht hast und schreibe es für dich auf.

	Was?	Warum?	Wann?
1.)			
2.)			
3.)			
4.)			
5.)			
6.)			
7.)			
8.)			
9.)			

10.) ____________________ __________________ ___________

Die Erkenntnis, wieso du so gehandelt hast, ist so wichtig für deinen weiteren Lebensverlauf. Aus unserem Verhalten können wir bei einer Analyse immer sich wiederholende Verhaltensmuster herauslesen und daraus ableiten, was wir konkret verändern dürfen.

Dein Fazit: ____

Selbstzweifel und ein miserables Selbstwertgefühl, obwohl ich eingebildet war

Das besonders Verrückte ist, dass die meisten eingebildeten Menschen gleichzeitig keinen oder zumindest einen sehr geringen Selbstwert haben und nur nach außen so stark tun.
Das Thema Selbstwert ist so entscheidend für ein entscheidendes Leben, dass diesem Thema ein eigenes Kapitel in diesem Buch gewidmet ist. Hier ist erstmal nur wichtig, dass du analysierst, wieso du deine Verhaltensmuster so lebst, wie du sie lebst und was du daraus für Erkenntnisse ziehst.

Suche dir deshalb die drei für deinen Lebenslauf gravierendsten Momente aus.

	Was?	Warum?	Wann?
1.)	____________________	____________________	__________
2.)	____________________	____________________	__________
3.)	____________________	____________________	__________

Was waren deine gravierendsten Momente, und wieso hast du die Dinge nicht gemacht? Schreibe dir jetzt das gravierendste Ereignis auf.

	Was?	Warum?	Wann?
1.)	____________________	____________________	__________

Was kannst du für dich daraus lernen? Was nimmst du für dein zukünftiges Leben mit? Wie gehst du zukünftig mit solchen Situationen um? Wenn du feststellst, dass du immer wieder Probleme damit hast, Dinge umzusetzen und ins Handeln zu kommen, dann hole dir professionelle Unterstützung und jemanden an die Seite, der dir genau dabei hilft, dich ins Handeln zu bringen und die Dinge zu tun, die dich wirklich nach vorne bringen. Jede bisher getroffene Entscheidung ist aufsummiert dafür verantwortlich, wo du heute stehst und wer du heute bist.

Dein Fazit: ____

Wo kann das nur hinführen?

Was passiert, wenn sich an deinem Verhalten nichts ändert? Diese Frage ist für viele Menschen die alles entscheidende Frage, um in die Umsetzung zu kommen. Es ist die Frage nach den sogenannten Opportunitätskosten. Du zahlst immer einen Preis. Am Beispiel dieses Buches zahlst du entweder den Preis für das Buch oder den Preis, dass dir diese wertvollen Inhalte verwehrt bleiben. Vielleicht warst du besonders schlau und hast dir das Buch einfach von einem Freund ausgeliehen und liest es jetzt als Leihgabe. Dann hinterfrage dich, wie schlau das wirklich ist. Wir Menschen funktionieren leider so, dass wir einer finanziellen Investition mehr Wert beimessen und i.d.R. auch stärker in die Umsetzung gehen, wenn wir Geld für etwas gezahlt haben. Das ist logisch, da wir darauf getrimmt werden, dass Geld Mangelware und nur begrenzt verfügbar sei. Dabei ist es möglich, Geld zu drucken, oder?! Zeit hingegen können wir nicht drucken. Jetzt denkst du dir vielleicht, „Wieso schreibt der jetzt so viel darüber?!" Um dir nochmal die Brisanz nahezulegen, wie wichtig es ist, auch die Übungen des Buchs in Gänze durchzuführen und nichts auszulassen!

Kommen wir nochmal darauf zurück, was in deinem Leben alles passiert, wenn sich nichts verändert an deinem Verhalten und an deiner aktuellen Situation. Schreibe die wichtigsten und schlimmsten Dinge auf, die passieren, wenn du nichts änderst, schreibe dir auf, welches Gefühl du dabei hast, wenn du dir vorstellst, dass dies eintritt und wie lange du noch Zeit hast für die Veränderung.

	Was?	Dein Gefühl?	Wie lange noch?
1.)	______________	______________	______________
2.)	______________	______________	______________
3.)	______________	______________	______________
4.)	______________	______________	______________
5.)	______________	______________	______________
6.)	______________	______________	______________

7.) ______________________ _______________ _______________

8.) ______________________ _______________ _______________

9.) ______________________ _______________ _______________

10.) _____________________ _______________ _______________

Hast du deine wichtigsten Themen gefunden? Wenn du die Liste noch nicht gefüllt hast, dann mach dir erst nochmal Gedanken, bevor du weiterliest. Wenn dir wirklich nichts mehr einfällt, dann stelle dein Denken um und betrachte es aus einer anderen Perspektive. Wenn du an deinem Verhalten nichts änderst, wirst du auch keine anderen Ergebnisse erzielen. Dein Gehalt wird das ungefähr gleiche bleiben, deine sportlichen Erfolge werden sich nicht steigern, du bist nicht plötzlich in einer Partnerschaft, wenn du bisher Single warst. Und jetzt kommt's noch härter.

Die Veränderung ist längst überfällig!

Wenn du bereits relativ zufrieden bist, und du entwickelst dich nicht weiter, was passiert dann? Hast du dir schon mal Gedanken darüber gemacht, was mit einer glücklichen Partnerschaft passiert, wenn du an dieser wertvollen Zweisamkeit nicht arbeitest? Wenn du dich nicht permanent entwickelst, dein Partner aber schon? Was passiert mit deiner sportlichen Leistungsfähigkeit, wenn du faul bist und dich nicht bewegst? Es bleibt nicht alles auf einem Level, sondern es verschlimmert sich sogar!

Allein diese Erkenntnis kann dein gesamtes Leben verändern. Schreibe dir aus deinen Ereignissen, die passieren, wenn du nichts an dir änderst, wieder die drei gravierendsten raus.

	Was?	Dein Gefühl?	Wie lange noch?
1.)	______________________	______________	______________
2.)	______________________	______________	______________
3.)	______________________	______________	______________

Was ist das für ein Gefühl, jetzt diese Klarheit zu haben, was dich erwartet, wenn du nichts änderst? Bestimmt kein schönes Gefühl. Deshalb ist es allerhöchste Eisenbahn, wie der Volksmund so schön sagt.

Tue endlich was, oder du wirst alles verlieren

Gehe in den Schmerz und in die negativen Gefühle. Schmerzen sind für viele Menschen der Antrieb, endlich loszulegen und aus der Reserve zu kommen. Was ist deine eine Sache, die so schmerzvoll ist, dass sie dich jeden Morgen aus dem Bett fegt und dich ins Handeln kommen lässt?

	Was?	Dein Gefühl?	Wie lange noch?
1.)	______________________	______________	______________

Worauf wartest du jetzt noch? Ich wünsche mir für dich, dass du noch ausreichend Zeit hast und gleichzeitig der Zeitpunkt nicht zu weit in der Zukunft liegt. Ansonsten mache dir nochmal Gedanken, ob das wirklich so ist. Wir wissen nie, wie viel Zeit wir noch haben und wann es zu spät sein kann.

Chancen sind immer kurze Zeitfenster, und entweder du nutzt diese oder sie verstreichen ungenutzt, und du bleibst chancenlos und motzt über das tragische Leben, das ja so ungerecht zu dir ist und über die ganzen reichen Menschen, die ja sowieso nur betrügen.

„Jeder ist seines Glückes Schmied!"

Nimm dir das als Inspiration und schreibe dir direkt dein absolutes Goldnugget aus diesem Kapitel heraus, was du auch wirklich umsetzen kannst und vielleicht sogar musst, um dein Leben auf eine Bahn zu bekommen, die dir gefällt, denn darum geht es doch in diesem Geschenk, das sich Leben nennt.

Dein Goldnugget:

____

Meine Vorurteile und mein Ego haben mich fast das Leben gekostet

Das Ego ist ein so schlimmer Weggefährte. Es treibt dich, wenn du nicht aufpasst, in die unnötigsten Diskussionen und hält dich fern von erfolgreichen Menschen. Ebenso Vorurteile. Es gibt so viele Beispiele aus meinem Leben oder aus Erzählungen, die mir zugetragen wurden, die dies bestätigen und die aufzeigen, wie wichtig es ist, sich mit den Themen auseinanderzusetzen. Mich persönlich hätte mein Ego schon mehrmals fast mein aktuelles Leben gekostet. Ich habe schon viele Dinge aus meinem Leben gehen sehen, die sich rückwirkend fast ausschließlich auf mein Ego zurückführen lassen. Ebenso vertun sich unendlich viele Chancen, wenn du mit Vorurteilen in den Alltag gehst und dich immer wieder davon beeinflussen lässt.

Vorurteile sind unangenehm

Im ersten Kapitel ist bereits die Geschichte zu lesen, wie ich einen meiner ehemaligen Mentoren kennengelernt habe. Diese Zeilen zu schreiben und auch mit ihm offen darüber zu sprechen, war mir immer wieder aufs Neue unangenehm. Mir sind schon öfter ähnliche Geschichten passiert. Vorurteile sind so häufig unbegründet und lassen dich schon vorbelastet in eine Situation gehen, sodass viele wertvolle Momente nicht entstehen und Beziehungen unter Menschen nicht aufgebaut werden können.

Es gibt etliche weitere Geschichten, wie Menschen sich durch einfache, aber gemeine Vorurteile Chancen verspielen. Mache dir nochmal bewusst, wo du schon Menschen verurteilt hast. Frage dich auch wieso und ob es hinterher berechtigt war. Jeder fällt immer wieder Vorurteilen zum Opfer. Achte du hier einfach darauf, dass du selbst vorurteilsfrei durchs Leben gehst und es dir einfach machst.

Du hast keine Ahnung, mit wem du sprichst

Auch hier gibt es immer wieder wundervolle Beispiele in Filmen, den Medien und im echten Leben. Vor wenigen Wochen erst waren Daniel und ich in Venedig auf einem VIP-Coaching und haben dort in einem großen Luxushotel versehentlich einer Filmgala beigewohnt, und uns gegenüber in der Lounge saß den ganzen Nachmittag ein Weltstar, ohne dass wir das realisiert haben. Mir kam die Dame zwar irgendwie bekannt vor, aber die wenigen Worte und Blicke von Tisch zu Tisch waren wie zu jeder anderen normalen Person auch. Interessant ist, dass sie noch in Begleitung war und der eine Herr - vermutlich ihr Sohn - in Jogginghose, mit blauen Fingernägeln und mit zerrissenem T-Shirt, gemeinsam mit uns mit dem Boot zum Hotel gefahren ist. Er sah zwar sympathisch aus, allerdings nicht, als passe er in diese Atmosphäre. Für mich in diesem Moment also augenscheinlich eine normale Familiensituation. Als die Dame dann jedoch aufstand und Richtung Toiletten lief, kamen - nachdem der erste sie erspäht hatte - hunderte Reporter und Kameramänner angerannt und machten Aufnahmen von ihr. Auch hier waren wieder Vorurteile im Spiel. Ohne diese wäre im Vorfeld auf dem Boot vielleicht ein interessantes Gespräch und wer weiß was noch daraus entstanden.

Was kannst du aus dieser Geschichte lernen?

Dein Fazit: ____

Rich Dad Poor Dad

Viele Menschen haben permanent Vorurteile und gehen schnell ausschließlich oder zumindest vorerst nach Äußerlichkeiten. Eines der für mich besonders inspirierenden Bücher, die ich bisher gelesen habe, ist „Rich Dad Poor Dad" von Robert T. Kiyosaki, welcher beschreibt, wie er aufwuchs. Die Kurzfassung davon ist, dass er bei einem Schullehrer als Vater aufwuchs, der immer gejammert hat, dass am Ende vom Geld noch Monat übrig ist, während der Vater seines besten Freundes Millionär und Unternehmer war. Sein eigener Vater, der „poor dad" hat augenscheinlich mehr Geld und Erfolg, da er das schönere Haus und das größere Auto fährt. Der „rich dad" lehrt ihn Bescheidenheit und zu verzichten für Größeres. Und so kam es, dass Robert heute einer der bekanntesten und erfolgreichsten Unternehmer der Welt ist.

Du kannst den Erfolg von Menschen also oft nicht direkt an ihrem Schmuck, ihren Autos oder ihren Häusern sehen. Viele erfolgreiche Menschen leben bescheiden und haben Größeres im Sinne. Unterhalte dich daher immer zuerst mit den Menschen und schaue dir genau an, wie ihr Mindset aussieht und dann, welche Ergebnisse sie vorweisen können.

In meinem Leben durfte ich genau dieselben Erfahrungen wie Robert machen, nämlich dass du vielen erfolgreichen Menschen den Erfolg nicht ohne genaueres Hinschauen ansiehst, solange sie nicht in den Medien stehen oder sich für diese aufbereiten.
Willst du lieber kurzfristige Befriedigungen und einen tollen geleasten Mercedes fahren mit Mitte 20 oder stattdessen bis 30 verzichten und dann dein wirkliches Traumauto fahren?

Dein Fazit: ______________________________________

Am Ende zählen die Ergebnisse

Im ersten Schritt solltest du immer Klarheit über folgende Fragen haben. Was willst du? Was bist du bereit zu tun? Wann erreichst du das allein, wann mit Unterstützung? Was passiert, wenn du das nicht tust, ist es sehr tragisch? Schnell wird aus einer guten Idee … nichts. Eine Idee bleibt eine Idee. Oder sie wird zu einem Hobby. Die meisten Projekte verlaufen im Sand oder gehen nicht wirklich auf. Ebenso bei der Unternehmenshistorie von BOOM. Wir haben es innerhalb kürzester Zeit geschafft, dreistellige Besucherzahlen für unsere Rednernächte aufzubauen und viele Menschen zusammen zu bekommen. Das ist echt gut. Eine super Leistung auf den ersten Blick. Beim genaueren Hinschauen wird klar, dass wir dort keinen wirklichen Erfolg hatten. Wir haben keine Lösungen geboten und somit weder Geld verdient noch den Menschen wirklich geholfen.

Wie ist das bei dir? Hast du schon mal ein Projekt gestartet? Was ist dabei rumgekommen? Vielleicht bist du schon länger selbstständig und kannst immer noch gerade so davon leben, oder du verbringst stundenlang pro Woche Zeit mit einem Musikinstrument und wirst nicht besser. Egal in welchem Bereich du deine Themen mit Ergebnissen hast, arbeite daran. Das Leben ist viel schöner, wenn du auch Ergebnisse erzielst. Auch darin, ohne große Ergebnisse zu machen und zu machen, bin ich Experte. Monatelang haben wir uns selbst etwas vorgemacht und ohne System gearbeitet.

Arbeite immer mit einem System, und wenn du es nicht binnen kürzester Zeit selbst aus dem Hut gezaubert bekommst, dann hol dir Unterstützung von einem Experten dazu. Jeder erfolgreiche Mensch hat Experten an der Seite, die ihn oder sie unterstützen.

Dein Fazit: ____

Erfolg hat kein Gesicht

Bei der Auswahl deiner Experten ist wichtig zu wissen, dass wirklicher Erfolg kein Gesicht hat. Das bedeutet, dass es nicht nur einen Stereotyp gibt, der Erfolg oder Glück ausstrahlt. Auch hier bin ich dir wieder mit bestem Beispiel vorangegangen, wie du es nicht machen solltest, lieber Leser!

In meiner Welt hatte Erfolg ein klares Gesicht. Ich hatte einen durchtrainierten Typen mit Familie, einem schwarzen Sportwagen, einem Anzug und schönen Schuhen im Kopf. Du merkst schon selbst, wie idiotisch das ist. Vor allem das Anzug-Tragen sagt rein gar nichts aus. Sehr häufig sind es die Anzugträger, die – in einem goldenen Hamsterrad gefangen – ein unfreies Leben mit etlichen Überstunden und moderatem Gehalt führen. Bänker und Anzugträger haben, so ganz nebenbei, auch eine statistisch leicht erhöhte Selbstmordrate im Vergleich zu vielen anderen Gruppen. Du weißt nie, wer dir gegenübersitzt, was diese Person erlebt hat und warum sie so ist, wie sie ist. Und vor allem wissen wir oft nicht, wie eine Person wirklich ist, sondern haben nur die eingeschränkte Sicht auf ihr äußeres Erscheinungsbild.

In welchen Situationen ist es dir so ergangen, dass du Menschen verurteilt hast, und was macht das mit dir, wenn du darüber nachdenkst?

	Wie hast du verurteilt?	Wann?	Dein Gefühl?
1.)	______________________	__________	__________
2.)	______________________	__________	__________
3.)	______________________	__________	__________
4.)	______________________	__________	__________
5.)	______________________	__________	__________

6.) ______________________________ ___________ ___________

7.) ______________________________ ___________ ___________

8.) ______________________________ ___________ ___________

9.) ______________________________ ___________ ___________

10.) ______________________________ ___________ ___________

Erfolg im Kopf ein Gesicht zuzuordnen und alle andere klipp und klar auszuschließen, hindert dich auf deinem eigenen Weg. Gleichzeitig darfst du natürlich für dich überlegen, wie du es selbst gerne für dich haben möchtest und wo du deine Prioritäten siehst. Ob dir dein äußerliches Erscheinungsbild wichtig ist, welche Vorstellungen du davon hast, wie deine eigene Familiensituation sein soll und was du dir hier für dich wünschst. Wichtig ist, dass du dich wohl fühlst und dass du dir im Klaren bist, wo du aktuell stehst und wo es für dich hingehen soll.

Dein Fazit: ____

Vorurteile führen dich in die Irre

Jedes Mal, wenn du ein Vorurteil hast, schließt du, bildlich gesprochen, eine Tür und verschließt dich somit vor der Person und den vielen Möglichkeiten, die der Kontakt bringen kann. Überleg mal, wie viele überhebliche Menschen es gibt und wie erfolgreich arrogante und sich selbst aufspielende Menschen häufig sind. Gleichzeitig sind so viele erfolgreiche Menschen sehr oft genau gegenteilig unterwegs. Sie zeichnen sich durch ein klares Understatement aus.

Was waren die drei schlimmsten Vorurteile, die du hattest? Kristallisiere diese aus den vorherigen 10 Punkten heraus.

	Wie hast du verurteilt?	Wann?	Dein Gefühl?
1.)	____________________	__________	__________
2.)	____________________	__________	__________
3.)	____________________	__________	__________

Waren die Menschen in dieser Situation womöglich auch in Untertreibung unterwegs und haben ihre Qualitäten nicht raushängen lassen? Es gibt auch andere gesellschaftliche Vorurteile, die nichts damit zu tun haben. Du kannst auch Menschen schon im Voraus dafür verurteilen, dass sie eine bestimmte Herkunft haben, sie in gewissen Einkommensregionen unterwegs sind, sie einem Geschlecht angehören, sie gewisse Verhaltensmuster aufweisen, usw. Wir kommen schnell in die Be- und Verurteilung und richten über andere.

Hör auf, dich selbst negativ zu beeinflussen!

In dem Moment, in dem du zu viel interpretierst und bereits über andere urteilst, ohne zu wissen, was Realität ist, vertust du dir selbst viele Chancen. Eine Geschichte, die mir einer meiner ehemaligen Mentoren hierzu erzählt hat, liegt schon etliche Jahre zurück, ist jedoch zeitlos und verliert keinen Tag an Wert.

Er wollte sich ein neues Auto kaufen und hat nach einiger Recherche, was ihm gefallen könnte, einen regionalen Autohändler angerufen, den er kannte. Er schilderte ihm seine Wünsche für einen Audi A8 W12 Lang Edition mit Vollausstattung und bat ihn, ihm für dieses Luxusfahrzeug ein Angebot zu machen und zu schicken. Der Verkäufer antwortete, dass er es mache und sich melde. Vier Wochen später hakte Ernst beim Verkäufer nach, warum er noch kein Angebot erhalten habe. Daraufhin entgegnete dieser ihm, er habe es nicht vergessen und mache es noch. Wieder vier Wochen später rief er erneut an, und es kam eine weitere Ausrede, weshalb er noch nicht dazu gekommen sei. Nach einiger weiterer Zeit wandte sich mein früherer Mentor an einen anderen Autohändler, den er nicht kannte und der nicht aus der Region kam und bestellte das Fahrzeug dort. Einen Tag, nachdem das Fahrzeug dann endlich geliefert wurde, klingelte Ernsts Telefon. Wer war dran? Der erste Autohändler. Aufgebracht darüber, was er denn da in der Einfahrt gesehen habe und was das bedeute. Er entgegnete ihm, dass er vermutlich sein neues Auto gesehen habe. Der Verkäufer sprach mürrisch ins Telefon, dass er doch ein Angebot machen wollte, worauf er ihm schnell klar machte, dass er seine Zeit mehr als gehabt habe und fragte ihn, weshalb er denn nicht schneller reagierte. Zur Antwort kam: „Ich dachte nicht, dass Sie sich das leisten können."

Was macht diese Geschichte mit dir? Du kannst die Geschichte glauben oder nicht. Du kannst darüber denken, was du willst. Wichtig ist, welche Erkenntnis du für dich aus Geschichten wie dieser ziehst und wie du diese für dein Leben nutzen kannst. Der Verkäufer hat eine vermutlich fünfstellige Provision dahinstreichen lassen, einzig und allein aufgrund seiner Vorurteile.

Was ist dein bisher größter Fauxpas an Vorurteilen, und welche Erkenntnis nimmst du daraus für dich mit?

	Wie hast du verurteilt?	Wann?	Dein Gefühl?
1.)	______________________	__________	__________

Vorurteile beeinflussen dein Leben maßgeblich und können absolut zerstörerisch sein!
Lass dir deine Welt und dein Glück nicht durch so etwas Simples zerstören.

Dein Fazit: ______________________________________

Dein Ego ist dein schlimmster Feind

Mindestens genauso schlimm wie deine Vorurteile ist dein Ego. Das Ego bestimmt einen Großteil deines Handelns und du darfst dich fragen, ob du dein Ego im Griff hast oder dein Ego dich?
Menschen, die im Ego sind, verletzen andere und merken es nicht einmal. Ich kann ein Lied davon singen. In meinem Leben habe ich schon so viel kaputt gemacht und so viele Menschen und Chancen vertan, allein aufgrund meines zu großen und ausgeprägten Egos.

Dein Ego kommt immer dann zum Vorschein, wenn du dich gegen jemand anderen auflehnst und Widerspruch leistest, der nicht angebracht ist. Wenn du deine eigene Sprache reflektierst und feststellst, dass „ja aber" zu deinem absoluten Standard-Vokabular gehört, dann weißt du, dass du sehr Ego gesteuert unterwegs bist. Auch hier zeigt sich schnell, wer mit viel Ego unterwegs ist und wer im Herzen ist. Wenn du gerade gedacht hast „Na toll, soll ich mich jetzt allem und jedem fügen, oder was?!" dann ist das eine ganz brillante Ego-Nummer, und du kannst froh und dankbar sein, dass du das hier festgestellt hast. Für dich hat sich, spätestens hier, das Buch bereits gelohnt. Wenn du das einfach abnickst und sagst „Oh, interessant, da darf ich auch noch aufpassen", dann ist schon alles auf einem guten Weg. So oder so hast du natürlich recht. Kein „ja aber" zu benutzen, heißt nicht, dass du alles abnicken musst. Es geht nur darum, wie du auf Situationen bereits in dir selbst reagierst, verarbeitest und die Emotionen dann nach außen trägst.

Frage dich unbedingt, ob du selbst öfter im Ego feststeckst oder ob das kein so brisantes Thema bei dir ist. So oder so hilft es dir, die folgende Übung wieder gewissenhaft und vollständig zu erledigen und damit in die Entwicklung zu gehen.

Schreibe für dich auf, was deine größten Ego-Momente waren in deinem Leben.

	Dein Ego-Moment	Warum?	Wann?
1.)	______________	__________	______
2.)	______________	__________	______
3.)	______________	__________	______
4.)	______________	__________	______
5.)	______________	__________	______
6.)	______________	__________	______
7.)	______________	__________	______
8.)	______________	__________	______
9.)	______________	__________	______
10.)	______________	__________	______

Besserwisser sein ist zum Beispiel eine großartige Ego-Leistung. Ebenso rechthaberisches Verhalten und keinen Blick dafür zu haben, ob meine gesagten Worte jemanden verletzen könnten und das auch noch, ohne dass der andere was davon hat.

Die ewige Ego-Nummer

Besonders anstrengend sind die Hartnäckigkeit und das Durchhaltevermögen deines Egos. Komischerweise sind unser Ego und unser Schweinehund Großmeister in Geduld, Kampfgeist, Durchhaltevermögen und Zielstrebigkeit, während wir damit oft unsere Problemchen haben. Dir muss bewusstwerden, dass dein Ego dich an deiner Entwicklung hindert und dich davon abhält, dich zu verändern. Dein Ego hat Angst, du könntest es nicht mehr mögen, wenn du dich veränderst. Und ich kann dir sagen, es hat recht.

Was sind die drei größten Ego-Nummern deines bisherigen Lebens?

	Dein Ego-Moment	Warum?	Wann?
1.)	____________________	____________	______
2.)	____________________	____________	______
3.)	____________________	____________	______

Was löst das in dir aus, diese Momente erneut hinzuschreiben? Vielleicht ist sogar ein neuer Punkt dabei? Wichtig ist immer, dass du in deine Emotionen gehst. Dein Kopf hat dich da hingeführt, wo du jetzt bist. Komm da raus! Lass deinen Emotionen freien Lauf und geh in deine Großartigkeit. Wenn du weinen musst, dann weine. In unserer Gesellschaft ist es vor allem als Mann verpönt zu weinen. Du bist schwach, wenn du weinst, richtig? Schwachsinn! Tränen und damit auch Emotionen zuzulassen, ist heilsam und unendlich wichtig für deinen Entwicklungsprozess. In meinem bisherigen Leben habe ich schon so viel geweint, dass ich mich schon fast dafür zertifizieren lassen könnte. Zertifizierter Weinexperte. Und das ganz ohne Alkohol! Vielleicht hast du durch den schlechten Witz gerade ein leichtes Schmunzeln auf dem Gesicht oder kopfschüttelnd laut gelacht. Du siehst, dass alle Emotionen wichtig sind. Uns wurde eine ganze Bandbreite an Emotionen geschenkt. Das ist wie bei einem Klavier. Spielst du alle 88 Tasten deiner Emotionsklaviatur oder nur zwei Oktaven?

Dein Fazit: ______________________________

Ohne Hilfe keine Heilung

Das Thema ist so vielseitig und spannend. Eines ist klar, dass du dein Ego allein in den Griff bekommst, ist höchst unwahrscheinlich bis hin zu unmöglich. Überleg doch mal, von was dein Ego ein Teil ist? Von dir! Gleichzeitig hat es dich, wenn es stark ausgeprägt ist voll im Griff und lenkt dich. Wie willst du es also besiegen und beseitigen? Überlege dir, welche verschiedenen Möglichkeiten in Frage kommen. Stell dir hierzu einfach vor, dein Ego wäre eine Person, die du beseitigen möchtest. Was sind deine Lösungsansätze?

1.) ______________________________

2.) ______________________________

3.) ______________________________

4.) ______________________________

5.) ______________________________

6.) ______________________________

7.) ______________________________

8.) ______________________________

9.) ______________________________

10.) ____

Die Formulierung „beseitigen“ ist sehr bewusst gewählt, und falls jetzt bei dir der Auftragskiller aufgeführt ist, dann bekommst du 100 Punkte. Wieder ein kleines Schmunzeln? Wenn du bisher noch nicht einmal gelacht oder geschmunzelt hast, dann ist das entweder ein gutes Zeichen, da du das Buch sehr gewissenhaft durcharbeitest und du gefesselt dem Inhalt folgst oder aber du bist gelangweilt und teilst meinen Humor nicht. Dann kann ich dir nur empfehlen, deinem jetzigen Gefühl zu folgen.

Wenn du hier weiterliest, dann gehe ich davon aus, du bist offen für einen Lösungsvorschlag. Überlege vorher bitte, was deine bisher größte Ego-Nummer war.

	Dein Ego-Moment	Warum?	Wann?
1.)	______________________	____________	_______

Echt unschön so eine Ego-Aktion. Stell dir mal vor, was passieren würde, wenn du das Thema Ego ad acta legen und ein egofreies Leben führen könntest. Wie fühlt sich das an? Was ist dann alles möglich in deinem Leben? Welche Ergebnisse kannst du dann erzielen? Welche Menschen in dein Leben ziehen?

____

____

____

Kommen wir zurück zum Lösungsansatz. Mit dem Auftragskiller hast du vollkommen recht, und das ist auch mein Vorschlag:

„Setze einen Auftragskiller auf dein Ego an!"

Suche dir Hilfe von jemandem, der sich damit auskennt und das Problem schon gelöst hat. Beauftrage jemanden, der dir helfen kann und der dazu bereit ist.

Was ist dein absolutes Top Learning aus diesem Kapitel?

Dein Goldnugget:

Die Entscheidung, die mein Leben verändert hat

Wenn erfolgreiche Menschen interviewt werden, was der ausschlaggebende Punkt war, nach dem sie erfolgreich wurden, dann ist das immer auf eine große Entscheidung zurückzuführen. Welche Entscheidung es genau war, ist dann individuell und kann sehr stark variieren. In meinem Leben gab es auch eine Entscheidung, die alles verändert hat. Eine Entscheidung, die die meisten Menschen in ähnlicher Form getroffen haben, die erfolgreich sind. Das war für mich auch der ausschlaggebende Punkt, da auch ich unbedingt erfolgreich werden wollte. Die meisten scheitern daran, dass ihr Ego zu groß ist und sie versuchen, alles allein zu machen, wenn sie überhaupt in die Umsetzung kommen. In die Umsetzung zu kommen, war nicht mein Problem, doch es ist mir immer wieder schwergefallen, es durchzuziehen. Vielleicht erkennst du dich hier wieder? Außerdem sind viele Erfolge ausgeblieben, da ich kein funktionierendes System hatte und mich einfach ausprobiert habe. Das ist zwar ganz nett, bringt aber keine Ergebnisse. Deshalb verstehe ich auch immer, wenn Menschen sagen „Ich probier's erstmal so". Gleichermaßen tut es mir immer sehr weh, da ich den gleichen Fehler auch gemacht habe.

Ich weiß nicht, wie ich weiterkommen soll

Wenn ein Problem auftritt, fallen etwa zwei Drittel aller Menschen in Schockstarre und verharren in ihrer Position. Es bewegt sich nichts mehr. Und das ist doch unendlich schade, wenn Potenzial liegen bleibt und Probleme dich ausbremsen oder sogar zum Stillstand bringen. Mir ging es auch so. Probleme haben mich oft zur Verzweiflung gebracht. Dabei sind Probleme etwas Wundervolles. Jeder erfolgreiche Unternehmer sucht regelmäßig nach Problemen, denn wenn ich keine Probleme habe, dann kann ich auch keine Lösungen schaffen.

Da Probleme in unserer Gesellschaft sehr negativ behaftet sind, können wir uns auch auf „Herausforderungen" einigen. Was sind deine aktuellen Herausforderungen in deinem Leben?

1.) ____

2.) ____

3.) ____

4.) ____

5.) ____

6.) ____

7.) ____

8.) ____

9.) ____

10.) ____

Tat es gut, die Herausforderungen aufzuschreiben und Klarheit darüber zu gewinnen, wo es aktuell hängt, oder belastet es dich eher? Auch wenn es wichtig ist, dir hier ebenfalls wieder Klarheit zu verschaffen über deine Emotionen und was diese Übung mit dir genau gemacht hat, ist es in beiden Fällen wichtig, sich mit den Lösungen dafür zu beschäftigen. Hast du das bisher immer gut allein hinbekommen? Konntest du alle deine bisherigen Herausforderungen einfach so lösen oder glaubst du, dass es für viele Herausforderungen Unterstützung von außen braucht?

Bevor wir zu deiner Lösung kommen, fasse bitte deine aktuellen

Herausforderungen wieder auf die wesentlichen zusammen.

1.) ______________________________

2.) ______________________________

3.) ______________________________

Jetzt wird es schon konkreter, wo deine wirklichen Themen liegen, die dich aktuell beschäftigen und zurückhalten. Auch wenn es jetzt schon drei gravierende und schwerwiegende Herausforderungen sein sollten, ist es wichtig, dass du noch weiter in die Konkretisierung gehst. Was ist aktuell deine größte Herausforderung?

1.) ______________________________

Jetzt hast du deine wahre Herausforderung gefunden, die du direkt angehen darfst! Natürlich sind die anderen auch schon bedeutsam, und du solltest alle Herausforderungen lösen. Die Zauberformel lautet hier: *Stück für Stück* oder *Eins nach dem anderen*. Du kannst diese Übung immer wieder machen, wenn du die eine Herausforderung gelöst hast. Meine Empfehlung ist, dann nicht einfach mit den anderen beiden aus den drei stärkeren Herausforderungen oder mit den neun aus den oberen 10 Herausforderungen weiterzumachen, sondern die gesamte Übung zu wiederholen und wieder 10 Punkte aufzuschreiben. Warum machen wir das? Unsere Herausforderungen verändern sich permanent, und es kann in der Zwischenzeit eine neue Herausforderung aufgekommen sein, die zum vorherigen Zeitpunkt keine Rolle gespielt hat.

Dein Fazit: ______________________________

Die Lösung in Sicht

Wenn du deine Herausforderungen klar vor dir hast und eine besondere darunter ausgesucht hast, dann kannst du in die Lösungsfindung starten. Es gibt hier unterschiedlichste Methoden, und es kommt individuell darauf an, um was es sich genau handelt, um die beste Lösung zu finden. Es gibt hier keine pauschale Lösung für alles. Jetzt denkst du vielleicht „Ach, wie schade!“, weil du dir genau das erhofft hast. Es gibt nie eine Pauschallösung. Es gibt jedoch Methoden, mit denen du dich einer Herausforderung nähern und ein Problem lösen kannst. Oft reicht es schon, wenn du dein Problem ganzheitlich beschreibst. Du stellst schnell fest, dass es entweder kein wirkliches Problem darstellt oder, dass die Lösung auf der Hand liegt. Bei tieferen Themen empfehle ich immer, dass du dir Unterstützung von außen holst. Du bist aus einem bestimmten Grund in die Situation hineingekommen. Bei fast allen problematischen Situationen hängt dies sehr stark von deiner Einstellung, deinem Mindset und deinen Glaubenssätzen ab, die wiederum aus deinen bisherigen Erfahrungen, deiner Kommunikation und deinem Umfeld entstehen. Wie wahrscheinlich ist es also, dass du das allein lösen kannst? Du kannst es sicherlich versuchen und mit etwas Glück und viel Geduld wirst du es bestimmt auch allein schaffen. Die Frage ist nur, ob du genügend Zeit hast oder du nicht schneller ans Ziel kommen willst.

Dein Fazit: ____

Eine Entscheidung zu treffen, ist der erste Schritt

Für mich war der erste Schritt aus der Misere, dass ich eine Entscheidung getroffen habe. Die Entscheidung, einen Coach an meine Seite zu holen, der mich gnadenlos spiegelt und mir meine Herausforderungen in aller Deutlichkeit aufzeigt. Sind wir doch mal ehrlich. Hast du wirklich alle tiefen und intimen Probleme bei der vorherigen Übung aufgeschrieben oder gab es etwas, das dir kurz durch den Kopf geschossen ist und du hast es schnell weggebügelt? Mach dir nochmal Gedanken, ob da nicht noch etwas anderes ist. Oft verschließen wir die Augen vor den tiefen Themen. Die vier dunkelsten Ecken mit den größten ungelösten Herausforderungen sind *Liebe, Geld, Beziehung* und *Sex*. Hier haben die meisten Leute Herausforderungen und gleichzeitig Schwierigkeiten, darüber ehrlich nachzudenken, geschweige denn, offen zu sprechen. Wenn du erfolgreich sein willst, dann ist es unerlässlich, auch in diese Bereiche zu blicken und dich selbst ganzheitlich zu betrachten.

Ich höre so oft, dass Menschen mir sagen, sie wollen in die finanzielle Freiheit und erzählen wunderliche Geschichten, was sie denn alles Tolles vorhaben. Wenn wir ehrlich sind, ist es jedoch nur ein kleiner Bruchteil an Menschen, die es auch wirklich schaffen. Und hier stellt sich einfach die Frage, was diese Menschen anders machen. Wenn du selbst noch nicht finanziell frei oder noch nicht einmal erfolgreich selbstständig unterwegs bist, wie willst du es denn dann dorthin schaffen? Glaubst du, das geht, indem du ein Buch liest über Erfolg und dann ist alles gut? Glaubst du, dass du es ganz ohne Unterstützung schaffst? Eher unwahrscheinlich, oder?

Dort hinzukommen ist kein leichtes Unterfangen und nicht einfach so möglich, ohne etwas zu leisten - sehen wir von einem großen Lottogewinn ab. Doch selbst mit einem Lottogewinn ist es, ohne fremde Hilfe, fast unmöglich, finanziell erfolgreich zu sein. Über 80 % aller Lottomillionäre haben nach wenigen Jahren oder sogar Monaten weniger Geld als zuvor und sind teilweise sogar pleite. Hast du eine Idee, warum das so ist?

Dein Fazit: ____

Was habe ich geweint in den Prozessen

Der Weg zum Erfolg ist geprägt von tiefen und schmerzvollen Prozessen. Du hast dein aktuelles Mindset und dein jetziges

Wesen. Stell dir mal vor, es kommt morgen jemand und sagt dir „Du, sorry! Wir haben uns doch geirrt, die Welt ist doch eine Scheibe." Was würdest du jetzt denken? In deinem jetzigen Weltbild, deiner Realität und all deinem Wissen nach, ist die Welt eine Kugel und keine Scheibe. Jetzt kommt irgend so ein Spinner daher und faselt etwas von einer Scheibe. Das ist doch schon komisch, oder? Könntest du deine Meinung von einem Tag auf den anderen komplett ändern und das einfach so akzeptieren, auch wenn in deiner Welt alle Fakten dagegen sprechen? Hoffentlich nicht, denn solange er es nicht beweisen kann, dass es in seiner Welt funktioniert und er dich in seine Welt führen kann, ist und bleibt es Schwachsinn. Jetzt stell dir aber mal vor, er kann es dir beweisen. Stell dir vor, der Mann zeigt dir eine Welt, in der das tatsächlich so ist. Was würde das mit dir machen? Du stellst plötzlich alles in Frage. Alles, was du gelernt hast darüber, wie das Leben funktioniert, ist hinfällig. Ebenso passiert es im Coaching, wenn dein Coach dir Welten zeigt, die für dich unerreichbar erscheinen oder gar nicht existent waren. Das führt dich durch unfassbare, achterbahnähnliche Denkprozesse, das kann ich dir sagen! Mittlerweile hatte ich selbst schon so viele Prozesse und durfte viele tiefe Prozesse begleiten, die von Nervenzusammenbrüchen und literweise Tränen begleitet wurden. Körperliche Reaktionen, wie Schüttelfrost, sind keine Seltenheit, wenn eine wirklich tiefe Veränderung zu Tage tritt.

Bevor du jetzt Panik bekommst, hinterfrage dich erst, was du wirklich willst. Die meisten Menschen sind „ja doch recht zufrieden" mit ihrer Situation und wollen Kleinigkeiten optimieren. Wenn das bei dir der Fall ist, dann brauchst du keine Angst zu haben. Du wirst nicht solche tiefen Prozesse durchleben müssen und kannst das meiste wahrscheinlich sogar allein lösen. Wenn du allerdings große Ziele, wie die finanzielle Freiheit, hast und dich wirklich für ein Leben außerhalb der Norm interessierst, dann kannst du dich auf einen starken Prozess gefasst machen.

Dein Fazit: ____

Jede Entscheidung zieht immer Konsequenzen nach sich

Am Ende des Tages liegt es immer an dir, eine Entscheidung zu treffen. Welchen Zielen willst du nachgehen? Was macht dir Spaß im Leben? Was bist du bereit, für deine größeren Träume und Ziele zu tun? Bist du bereit, auf einige Annehmlichkeiten heute zu verzichten, für andere Dinge später? Egal, für was du dich entscheidest, jede Entscheidung hat immer Konsequenzen. Solange du dir der Konsequenzen bewusst bist, ist das auch nicht weiter schlimm, sondern einfach normal. Ebenso auch die Entscheidung, ob du lieber allein probieren willst, deine Ziele zu erreichen, oder ob du bereit bist, dir professionelle Unterstützung zu holen. Beides hat Konsequenzen. Das eine kostet Zeit, das andere Geld. Jetzt darfst du für dich priorisieren, was von beidem wichtiger ist.

Entscheidungen treffen, ist vor allem für die meisten Deutschen eine heikle Angelegenheit. Was waren die schwersten Entscheidungen, die du in deinem Leben bisher treffen musstest?

1.) ____

2.) ____

3.) ____

4.) ____

5.) ____

6.) ____

7.) ____

8.) ____

9.) ____

10.) ____

Für viele Menschen ist es schon eine schwere Entscheidung, im Restaurant etwas zu essen zu wählen. Also egal, was du aufgeschrieben hast, wenn du ehrlich zu dir selbst bist und die Aufgaben im Buch immer gewissenhaft beantwortest, dann bringt's dich voran.

Schritt für Schritt zum stetigen Wachstum

Wichtig ist, dass du einen Fuß vor den anderen setzt und nicht aufhörst zu gehen. Viele Menschen machen entweder nie den ersten Schritt, oder sie bleiben zu früh stehen und sagen, sie können nicht mehr. Du bist das Ergebnis deiner Entscheidungen, und aus diesem Grund kannst du auch alles werden, was du dir vornimmst. Alles steckt bereits in dir, es liegt nur an deinen Entscheidungen, ob du deine Ziele erreichst oder nicht. Wenn du jetzt denkst, dass das so aber nicht stimmt und es bei dir anders ist, dann hast du damit absolut recht! Bei dir ist es etwas anderes. Die Wahrscheinlichkeit, dass du deine Ziele erreichst, geht dann gegen Null. Wenn du hingegen offen bist und immer weiter machst, dann stehen die Chancen sehr gut.

Konkretisiere die schwersten Entscheidungen deines bisherigen Lebens auf die drei schwersten.

1.) ______________________________

2.) ______________________________

3.) ______________________________

Welche Emotionen spürst du, wenn du über diese Entscheidungen nachdenkst? Es gibt Menschen, deren größte Entscheidung ist es, jeden Morgen das passende Outfit für den Tag zusammenzustellen. Andere mussten ihre gesamte Familie hinter sich lassen, da sie aus einer Sekte ausgetreten sind. Egal, wie groß oder klein deine Entscheidungen im Vergleich dazu scheinen, soll dies dir verdeutlichen, dass es unterschiedlichste Intensitäten an Entscheidungen gibt, die wiederum aus unterschiedlichen Perspektiven eine ganz andere Wertigkeit bekommen.

Was ist die Entscheidung, die dir in deinem bisherigen Leben am schwersten gefallen ist?

1.) ______________________________

Wow! Was für eine starke Entscheidung. Deine bisherigen Entscheidungen waren schon sehr spannend. Du darfst dir auch immer wieder vor Augen führen, welche Entscheidungen du bereits getroffen hast. Auf der anderen Seite sind getroffene Entscheidungen vergangen und nicht zu ändern.

Dein Fazit: ______________________________

Es folgen immer größere Entscheidungen

Fokussiere dich auf die Entscheidungen, die in Zukunft anstehen. Was ist in naher Zukunft geplant? Was sind die Dinge, die du die ganze Zeit vor dir herschiebst? Wenn du hoch hinauswillst, dann stehen dir ohnehin viel größere Entscheidungen bevor. Also triff die Entscheidungen einfach. Viele tun sich bei Entscheidungen schwer, wenn Geld auch eine Rolle spielt. Frage dich hier immer, was du entscheiden würdest, wenn du schon an deinem Ziel angekommen wärst. Für mich zum Beispiel war die Entscheidung, ob ich mir einen Coach hole, sehr schnell klar, da ich ungefähr wusste, wo ich hinwollte und wusste, dass es mit einem Experten an der Seite, der ein Verständnis für Systeme hat, viel leichter und vor allem schneller geht und ich nicht unnötig Zeit verplempere. Die Geldsummen für das Coaching waren, aus dem Zeitpunkt der Entscheidung betrachtet, absolut surreal und unglaublich hoch. Aus der Perspektive, wo ich hinwollte betrachtet, ist es eine Kleinigkeit, und die Entscheidung ist mir leichtgefallen.

Gleichzeitig ist es mir bei anderen Entscheidungen ebenfalls schwergefallen. Beispielsweise wurde ich zu einer Speaker-Ausbildung eingeladen, und aus damaliger Sicht habe ich gesagt, ich bräuchte das nicht. Wenn du keinen Mehrwert in etwas siehst, dann lass es. Einige Monate später habe ich mich dann doch auf Anraten meines Coachs hin entschieden, an der darauffolgenden Speaker-Ausbildung teilzunehmen und damit eine der wertvollsten Entscheidungen meines Lebens getroffen. Rein finanziell waren das zum damaligen Zeitpunkt eine große Entscheidung und ein starkes Commitment. Nur wenige Monate später haben sich die Ereignisse überschlagen, und rückwirkend ist es eine finanziell kleine Entscheidung. Du siehst also, dass sich innerhalb kürzester Zeit deine Perspektive so stark verändern kann, dass Entscheidungen, die heute gigantisch wirken, morgen bereits klein erscheinen.

Am Ende ist es immer ein Abwägen von Vor- und Nachteilen, und ich empfehle dir, nachdem du alle Alternativen geprüft hast:

„Mache immer eine Pro-Contra-Liste bei schweren Entscheidungen"

Das hilft dir enorm und erleichtert dir den Entscheidungsprozess um ein Vielfaches.

Dein Fazit: ____

Vertraue auf deine Entscheidungen

Was hat die Entscheidung mit deinem Leben gemacht? Welche Auswirkungen hatte sie konkret? Was wären die Alternativen gewesen, und welche Auswirkungen hätten diese gehabt? All das kannst du dich fragen. Tag für Tag. Immer und immer wieder. Und am besten ist, wenn du dabei Reue zeigst und deine getroffene Entscheidung immer wieder in Frage stellst. Nein, natürlich nicht! Vertraue immer auf deine Entscheidungen. Im Vorfeld darfst du dir Gedanken machen. Auch hier ist es empfehlenswert, Entscheidungen aus dem Bauch heraus zu treffen und nicht zu verkopft an die Sache heranzugehen. Die meisten Chancen sind nicht ewig da, und wenn du zu lange überlegst, wirst du immer unklarer und kommst irgendwann noch unter Druck, da das Angebot ausläuft oder ein Konkurrent schneller sein könnte. Wenn du etwas willst, dann entscheide dich und handle anschließend dementsprechend. Hinterfrage dich nicht selbst. Wenn du das tust, dann untergräbst du deine eigene Autorität, und du beginnst deine eigene Glaubwürdigkeit in Frage zu stellen. Damit gräbst du dir ein riesiges Grab für dein Glück und deine Zufriedenheit.

Geh immer weiter und weiter rein

Wenn du wirklich nicht weiterweißt, wie du dich entscheiden sollst und ob du jetzt das eine oder das andere machen, bzw. dich dafür oder dagegen entscheiden sollst, dann gibt es eine heilsame Methode, die du anwenden kannst. Am einfachsten funktioniert dies mit einem Fragepartner – im besten Fall mit deinem Coach. Solltest du keinen Coach und auch keine Person haben, der du in diesem Fall vertraust, dann kannst du es auch allein machen. Gehen wir hier davon aus, du hast jemanden, der das gut kann. Nehmen wir an, du stehst vor der Entscheidung, ob du dir ein neues Auto kaufen sollst. Die Person kann jetzt anfangen, dir Fragen zu stellen. Die Fragen werden dabei immer tiefer und tiefer. Das funktioniert sehr einfach, indem die Person eine wichtige Frage immer wieder stellt.

„Warum?"

Das ist die wichtigste und mächtigste Frage, die es gibt. Kleine Kinder stellen diese Frage permanent. „Warum regnet es heute? Warum ist dann der Himmel grau? Warum sammelt sich Wasser im Himmel? Warum verdunstet das? Warum binden sich die Teilchen? Warum fällt es dann nicht direkt wieder runter?"
Hast du dich das auch schon mal alles gefragt? Spannend, oder? Und hier geht es „nur" um Regen. Oft geht es um lebensverändernde Entscheidungen deines Lebens! Stelle dich der Herausforderung, und lass immer tiefer nachbohren, warum du etwas willst und auch, was die Konsequenzen sind, sowohl wenn du es tust als auch, wenn du es lässt. Deshalb ist Coaching in meiner Welt so wichtig. Mein Coach Daniel Huchler ist immer für mich da und stellt mich immer wieder neu auf die Probe. Er führt mich jedes Mal wieder nur zur Lösung hin, und ich darf die Lösung dann selbst erkennen und annehmen.

Dein Fazit: ______________________________________

Und dann kommt die große Panik

Je größer die Entscheidung ist, desto wichtiger ist es, dass du Klarheit hast. Stell dir vor, du hast die Glanzleistung vollbracht und nach sechs vollen Stunden qualvollen Prozesses endlich im Restaurant, nachdem du zum 712. Mal die Speisekarte durchgelesen hast, eine Wahl getroffen. Du nimmst die Rinderroulade. Du bestellst gerade beim Kellner, und dann gibst du ihm die Karte zurück, als du im Augenwinkel wahrnimmst, dass an der Wand, die du vor lauter Speisekarte das erste Mal anschaust, eine Tafel hängt, auf der eine leckere Brokkoli-Paste angeboten wird. Dein Gesicht verfärbt sich. Du hast so lange überlegt und den Kellner schon 14-mal wieder weggeschickt, dass du noch nicht soweit bist und jetzt das. Du liebst doch Brokkoli. Panik! Was sollst du jetzt tun?! Du hattest dich doch endlich entschieden. Du sagst „Ah, Herr Kellner, könnte ich doch eventuell bitte statt der Roulade die Brokkoli-Spezialität des Hauses bekommen?" Der Kellner erwidert mit hochrotem Kopf, dass das in Ordnung geht und marschiert schnellen Schrittes in die Küche, um dort endlich deine Bestellung abzugeben, bevor du es dir wieder anders überlegst. Jetzt geht dein Kopfkino ja aber erst los! Du grübelst und grübelst, wie das jetzt wohl schmecken wird. Eigentlich hättest du ja doch Lust auf die Rinderroulade. Und dann passiert der Worst Case. Nach 20 Minuten Grübelei kommt dein Essen, du nimmst den ersten Bissen und denkst: „Sch**ße! Hätte ich doch die Roulade genommen!"

Was nimmst du für dich daraus mit?

____

____

____

Wir überlegen oft viel zu lange hin und her und entscheiden uns dann noch um.

„Ist das auch das Richtige?“

Wenn du deine eigene Autorität zu oft untergräbst, wirst du DIR SELBST GEGENÜBER unglaubwürdig. Tue das niemals. Triff Entscheidungen mit Leichtigkeit und stehe dann dazu, dass du dich aus freien Stücken und aus gewissen Gründen dafür entschieden hast.

Was hast du aus diesem Kapitel mitgenommen, und was setzt du direkt in deinem Leben um?

Dein Goldnugget:

Selbstzweifel sind der große Killer

An etwas zu zweifeln, ist nie schön. Zweifel nehmen immer die Energie, das kostet uns unter Umständen alles. Hast du schon Erzählungen gehört von Menschen, die etwas Unmögliches geschafft haben? So zum Beispiel Sir Roger Bannister, der 1954 als erster Mensch den Ärzten widerlegte, dass der Mensch eine Meile nicht schneller als in 4 Minuten laufen könne. Es war vorher ein Gesetz, dass das nicht funktioniert. Viele haben es probiert, haben allerdings nicht daran geglaubt und hatten von Beginn an Zweifel. Bannister war jedoch von sich überzeugt, dass er es mit viel Training und Durchhaltevermögen schafft. Und so hat er es auch geschafft. Nach ihm kamen etliche weitere, die die magische Marke geknackt und neue Rekorde aufgestellt haben. Alles nur, da zu sehen war, dass es möglich ist und somit die großen Zweifel beiseitegeschoben wurden. Wie ist das in deinem Leben? Wo hast du Zweifel?

Die 4 S

Die schlimmsten Zweifel, die du haben kannst, sind die Selbstzweifel. Das eigene Sein in Frage zu stellen, ist fast wie Selbstmord. Es gibt daher vier Bereiche, die wir uns immer wieder anschauen und an denen wir arbeiten sollten, um sie immer weiter zu steigern.

Die Rede ist von den *4 S*. Sie sind größtenteils dafür verantwortlich, wie du mit dir umgehst und wie du mit dir umgehen lässt. Wie bist du in den folgenden Bereichen aufgestellt?

- Selbstwert
- Selbstliebe
- Selbstbewusstsein
- Selbstvertrauen

Ist hier alles in bester Ordnung? Wenn du ganz ehrlich bist, könnte es etwas besser sein, oder? Vor allem hier ist es wichtig, dass du zu 100 % ehrlich zu dir selbst bist! Andernfalls hast du keine Chance, wirklich erfolgreich und vor allem glücklich zu sein. Die 4 S auf ein hohes Level zu bringen, eröffnet eine neue Welt und ermöglicht dir, Dinge anzunehmen, die du nicht für möglich gehalten hast. Sie haben eine maximale Auswirkung auf alle Lebensbereiche und entscheiden darüber, wie dein Leben verläuft. Erstmal solltest du wissen, was die einzelnen Begriffe überhaupt bedeuten und wie du sie für dich nutzen kannst. Dann kannst du dich daran machen, deine 4 S aufzubauen und zu stärken, bis du zu voller Größe heranwächst. Es ist in meiner Welt nicht möglich, sein volles Potenzial zu nutzen, wenn die 4 S nicht stimmig sind. Die 4 S sind untereinander verwoben und haben jeweils eine Wirkung auf das andere. Lass uns also einen genauen Blick darauf werfen.

Dein Fazit: ____

Selbstwert

Dein Selbstwert bestimmt deinen Wert. Das klingt so simpel, hat aber massive Auswirkungen. Stell dir vor, du wärst verkäuflich auf dem Markt des Lebens. Dein Selbstwert bestimmt, zu welchem Preis du dich anbieten kannst und was Leute bereit sind, für dich zu bezahlen. Wenn du einen geringen Selbstwert hast, dann ziehst du es förmlich an, schlecht behandelt zu werden. Du hast es in deiner Weltanschauung schließlich nicht verdient, gut behandelt zu werden. Du machst dich selbst klein, und andere fangen automatisch an, das zu adaptieren, da ihr Unterbewusstsein deinen Wert wahrnimmt. So entsteht oft auch Gewalt in Partnerschaften.

Hast du dich auch schon unter Wert verkauft? Überlege dir, wo du dich schon unfair behandelt gefühlt hast, warum du dich so gefühlt hast und wie gut dein Selbstwert zu dem Zeitpunkt war.

	Was ist vorgefallen?	Warum unfair?	Selbstwert?
1.)	______________________	________________	__________
2.)	______________________	________________	__________
3.)	______________________	________________	__________
4.)	______________________	________________	__________
5.)	______________________	________________	__________
6.)	______________________	________________	__________
7.)	______________________	________________	__________
8.)	______________________	________________	__________
9.)	______________________	________________	__________
10.)	______________________	________________	__________

Kann es sein, dass dein Selbstwert meistens genau dann im Keller war? Stell dir vor, was alles möglich gewesen wäre in dieser Situation, wenn du einen höheren Selbstwert gehabt hättest. Was macht das mit dir? Wichtig ist, dass du jetzt nicht in Selbstmitleid verfällst und bedauerst, wie schlimm es doch alles war und dass alles hätte besser sein können. Viele Menschen bauen sich immer wieder ihre eigenen Opferstorys und schaufeln sich so ein Grab. Du bist kein Opfer deines Lebens, sondern Täter.

Du hast die volle Verantwortung über dein Handeln. Wichtig ist, die Vergangenheit zu reflektieren und dann daraus Schlüsse für die Zukunft zu schließen. Was kannst du in Zukunft anders machen? Suche dir die drei Punkte aus, die du in Zukunft anders machst, wenn eine ähnliche Situation kommt.

1.) ____

2.) ____

3.) ____

Ein schönes Gefühl, oder? Du hast die Kontrolle über dein Leben und entscheidest, wie es jetzt und in Zukunft läuft. Wenn du gerade ein „ja aber" im Kopf haben solltest, dann lies dir nochmal das vorherige Kapitel durch, lege dein Ego auf die Seite und lies hier weiter.

Es gibt wunderbare Übungen, wie du deinen Selbstwert aufbauen kannst. Manche funktionieren besser, manche weniger, und manche sind einfach unnötig. Am Ende ist es sehr individuell, was funktioniert, und du darfst für dich herausfinden, was dir hilft. Mir hat es geholfen, mit einem Menschen darüber zu sprechen und mich durch den Prozess leiten zu lassen. Für die Aufwertung meines miserablen Selbstwerts und den Aufbau meiner Selbstliebe bin ich Daniel auf ewig dankbar! Das war einer der ganz großen Schlüsselmomente meines Lebens und dank ihm habe ich jetzt Tools an der Hand, mir selbst und vor allem auch anderen dabei immer wieder zu helfen und sie zu begleiten, was mich wiederum erfüllt und auch meinen Wert wieder steigert.

Vor allem für Selbstständige und Unternehmer ist es von entscheidender Bedeutung, einen hohen Selbstwert zu haben, ebenso im Privaten für eine glückliche Partnerschaft und um deinem Traumpartner zu signalisieren, dass du es wert bist, dass er sein Leben mit dir verbringt. Wichtig ist hier, dass ein hoher Selbstwert absolut nichts mit Arroganz, Ignoranz oder sonstigem zu tun hat.

Dein Fazit: ____

Selbstliebe

Hast du dir selbst schon einmal gesagt, dass du dich liebst? Hast du deinem Spiegelbild schon mal in die Augen geschaut und dir gesagt, wie toll du bist? Wenn du allein beim Gedanken daran schon Panik bekommst, dann solltest du das nicht ohne Begleitung machen. Vielleicht denkst du jetzt „Was soll schon dabei sein?“ und verurteilst direkt. Es gibt viele Menschen, die sich das nicht sagen können und die sich selbst nicht lieben. Woher ich das mit 1000%iger Sicherheit weiß? Weil ich auch dazu gehört habe. Ich habe mich selbst nicht geliebt. Ganz im Gegenteil. Ich habe mir oft Vorwürfe gemacht, dass ich nicht gut bin, so wie ich bin. Ich hatte massive Glaubenssätze und habe mich selbst immer wieder klein gemacht und gleichzeitig auch andere klein gemacht, weil ich auch andere nicht richtig lieben konnte.

Hast du schon mal in einem Flugzeug gesessen? Was passiert da? Du kommst rein, zwängst dich durch die engen Reihen, wartest geduldig, bis die Leute vor dir endlich ihr Gepäck verstaut und haben und den Gang frei machen, bis du an deinem Platz bist. Dort angekommen, setzt du dich hin, und nach einigen Minuten geht's los. Die Maschinen starten, und das Flugzeug wird nach einer Begrüßung des Piloten langsam zur Startbahn gelenkt. Dann kommt der besondere Moment, von dem wir alle spätestens nach dem dritten Mal genervt sind. Jetzt kommt die Sicherheitseinweisung. Und was erzählt die Stimme aus den Lautsprechern jedes Mal, während die Stewardessen es gekonnt schauspielerisch darstellen? „Bei einem Druckabfall in der

Kabine fallen Masken zur Sauerstoffversorgung von der Decke. Bitte ziehen Sie unbedingt zuerst sich selbst die Maske über und helfen dann anderen." So ungefähr lautet die Ansage. Ich bringe dieses Beispiel auch oft auf meinen Seminaren, wenn Teilnehmer - meistens sind es Frauen - sagen, dass sie immer nach anderen schauen und dann erst nach sich selbst. Wenn dir die Luft ausgeht, kannst du niemandem mehr helfen.

Ebenso ist es mit der Liebe. Du musst IMMER zuerst mit dir selbst im Reinen sein und genügend Liebe in dir haben, bevor du jemandem anderen echte Liebe schenken kannst. Bedingungslose Liebe funktioniert nur, wenn du dich auch selbst lieben kannst. Nur dann ist es möglich, dich der Welt in voller Größe zu zeigen.

Dein Fazit: ____

Selbstbewusstsein

Sei dir bewusst, was an dir liebenswert ist. Sei dir bewusst, was du alles schon geschafft hast. Sei dir bewusst, welche wundervollen Eigenschaften du besitzt. Sei dir bewusst, wer du bist! Kennst du dich selbst? Weißt du, wer du bist? Immer wieder sind Menschen verwirrt, wenn sie diese Frage gestellt bekommen und wollen irgendeinen Nonsens erzählen, wie zum Beispiel, was sie beruflich machen. Wen interessiert das? Mich interessiert doch, wer du wirklich bist! Alles andere ist Smalltalk und nicht wirklich relevant, oder? Hast du dir die Frage schon mal gestellt, oder hast du sie schon mal in aller Deutlichkeit so gestellt bekommen?

„Wer bist du?"

Nur, wenn du diese Frage in Gänze für dich beantworten kannst, kannst du dein Potenzial entfalten und gleichermaßen glücklich und erfolgreich sein.

Zu wissen, was man will und was man wirklich will, ist leider eine Seltenheit in unserer Gesellschaft. Was willst du vom Leben? Wie stellst du dir deinen Traumjob vor? Wie wünschst du dir genau deine Familiensituation? Wie viel Geld brauchst du in deinem Leben wirklich? Wie soll deine Partnerschaft aussehen? Wie soll dein Partner optisch aussehen, und welche Eigenschaften sollte er haben? Wie stellst du dir dein Sexleben vor? Willst du dein Leben lang mit einer Person Sex haben? Reicht dir die Missionarsstellung, oder gibt es da noch etwas anderes, das du ausprobieren möchtest? Gerade das Thema Sexualität ist so oft eines der großen Themen, die wir Menschen haben und wo schon durch die gesellschaftlichen Prägungen die größten Unklarheiten herrschen. Vielleicht hast du eben beim Lesen schon den Impuls gehabt „Wie kann er so tiefe und intime Fragen stellen? Das ist ja eine Frechheit!“ Wieso? Nur, weil es die Gesellschaft so abstempelt? Über Sex und Geld spricht man nicht, richtig? Falsch! Genau darüber sollten wir viel öfter sprechen, wenn wir uns wirklich entfalten wollen.

Schreibe für dich auf, was du im Leben wirklich willst. Verwende hierzu im ersten Schritt die folgenden Zeilen.

1.) ______________________________

2.) ______________________________

3.) ______________________________

4.) ______________________________

5.) ______________________________

6.) ______________________________

7.) ______________________________

8.) ____

9.) ____

10.) ____

Hast du zehn Punkte? Im späteren Verlauf des Buches machen wir hierzu noch eine sehr tiefgreifende Übung, da es so wichtig ist zu wissen, was du willst!

Sei dir bewusst, wer du bist, was du alles kannst und was du eigentlich willst! Du bist einzigartig. Selbst wenn du als einer von zwei eineiigen Zwillingen auf die Welt gekommen bist, dann gibt es *dich* nur ein einziges Mal auf dieser Erde! Selbst wenn du geklont wurdest, verändert sich schon ab der ersten Sekunde der Blickwinkel. Du isst nicht exakt dasselbe, bekommst denselben Satz mit einem anderen Ohr mit, da du nicht auf der exakt selben Position sitzt und atmest noch nicht einmal dieselben Luftpartikel ein wie dein Klon. Du siehst also, wie einzigartig du schon von der Definition bist. Wir haben uns noch nicht deine wunderbaren Eigenschaften angeschaut, wie du mit Menschen kommunizierst, wie du kochen kannst, singen, tanzen, dein schönes Lachen. Alles ist einzigartig an dir. Du bist ein wundervoller Mensch und hast so viele Fähigkeiten. Schreib dir diesen Satz auf.

„Ich bin einzigartig!"

Dein Fazit: ____

Selbstvertrauen

Du hast es in der Hand. Vertraust du dir? Gerade im Coaching-Bereich haben viele Menschen Angst, Geld in die Hand zu nehmen und in sich zu investieren. Wenn ich eine Immobilie kaufe, hängt die Entwicklung stark vom Markt, den Mietern, Renovieren und anderen äußeren Faktoren ab. Aktien sind komplett marktabhängig und einzig die Auswahl der Aktie, der Einstiegs- und der Ausstiegszeitpunkt entscheiden über Gewinn und Verlust. Wenn du in dich selbst investierst, hängt es plötzlich nahezu vollständig von dir selbst ab, was du daraus machst! Ebenso auch schon bei dieser klitzekleinen Investition in dieses Buch. Es hängt von dir ab, was du daraus machst. Wie verändert sich ab heute dein Leben? Es liegt an dir!

Hier ist das große Problem. Viele Menschen haben kein oder zumindest nur ein kleines Selbstvertrauen. Es scheitert oftmals genau daran, dass du zweifelst. An dir zweifelst. Du bist der Faktor, der über Erfolg oder Misserfolg entscheidet, und schlagartig verspürst du Druck. Kennst du das Gefühl? Hattest du schon Momente, in denen du so einen Druck gespürt hast?

Schreibe auf, welche Momente es waren, wieso du Druck empfunden hast und wie du dich entschieden hast.

	Druckmoment	Warum Druck?	Deine Entscheidung
1.)	____________	____________	____________
2.)	____________	____________	____________
3.)	____________	____________	____________
4.)	____________	____________	____________
5.)	____________	____________	____________

6.) ____________________ _______________ _________________

7.) ____________________ _______________ _________________

8.) ____________________ _______________ _________________

9.) ____________________ _______________ _________________

10.) ___________________ _______________ _________________

Was hat das mit dir gemacht? Gehe wieder in deine Emotionen. Wie hättest du die Momente noch sehen können? Es ist wichtig zu verstehen, dass es immer andere Perspektiven und viele Möglichkeiten gibt. War es unweigerlich nur möglich, in diesen Situationen Druck zu verspüren? Ist es automatisch eine große Bürde, dass es von dir abhängt? Kann es sein, dass es sich eigentlich um eine geniale Chance handelt, dass du selbst voll dafür verantwortlich bist und darüber entscheidest, ob du Erfolg oder Misserfolg hast? Spannend, oder? Du drehst die Sichtweise, und plötzlich ändert sich alles. Wie fühlt es sich jetzt an, die Möglichkeit zu sehen, dass du selbst alles steuern kannst und wenn du willst, dass du Erfolg hast, ihn auch hast? Ich finde diese Vorstellung galaktisch gut! Sie gibt mir ein ungeheures Vertrauen in mich selbst und in die Welt. Auch bei mir war das nicht immer so, und mir hilft es immer wieder, dass ich andere Menschen habe, die so stark an mich glauben, dass ich selbst ebenfalls immer stärker an mich glaube.

Dein Fazit: ____

Du blockierst dich immer selbst

Du bist doch am Ende des Tages immer derjenige, der sich blockiert, oder? Du hast die Verantwortung über dein Leben und darfst das Beste daraus machen. Wo hast du dich schon blockiert, wo hattest du überall schon Zweifel, und was haben dich deine Blockaden gekostet?

	Deine Blockade	Der Preis	Wann?
1.)	______________________	__________________	__________
2.)	______________________	__________________	__________
3.)	______________________	__________________	__________
4.)	______________________	__________________	__________
5.)	______________________	__________________	__________
6.)	______________________	__________________	__________
7.)	______________________	__________________	__________
8.)	______________________	__________________	__________
9.)	______________________	__________________	__________
10.)	______________________	__________________	__________

Du siehst, es gibt viele Momente, in denen du dich schon blockiert hast und dir selbst im Weg standst. Solange du das ab heute änderst, ist es nicht weiter tragisch. Wenn du eine Blockade hattest und du dir selbst im Weg standst und das in der Vergangenheit einen großen Preis hatte, dann ist das Feuer für die Veränderung! Nutze den Schmerz, um in die volle

Veränderung zu gehen. Was waren die im Nachhinein drei schmerzvollsten Zweifel, die dich am meisten gekostet haben? Konkretisiere deine Liste.

	Deine Blockade	Der Preis	Wann?
1.)	____________________	____________________	__________
2.)	____________________	____________________	__________
3.)	____________________	____________________	__________

Sehr gut gemacht! Jetzt ist der Schmerz hoffentlich präsent, und du kannst ihn sehr gut nutzen, um dich nach vorne zu katapultieren und die Veränderung anzustoßen, die du dir in deinem Leben wünschst! Schreibe dir noch die allerschlimmste davon heraus, die den allergrößten Preis hatte und nimm dir die volle Energie davon mit.

	Deine Blockade	Der Preis	Wann?
1.)	____________________	____________________	__________

Jetzt kannst du mit viel mehr Power und Energie in die Veränderung gehen. Du hast ein klares Ziel, nie wieder so einen hohen Preis zu zahlen! Bei mir handelt es sich um mehr als eine halbe Millionen Euro und viele Menschen, denen nicht geholfen wurde, nur weil ich meine eigene Ego-Meisterleistung an den Tag gelegt habe.

Dein Fazit: ____

Hör auf, dich selbst zu sabotieren

Selbstsabotage ist ein gängiges Unterfangen in Deutschland. Immer wieder sabotieren sich Menschen selbst. Das hat die unterschiedlichsten Gründe. Oftmals sind es tiefe Glaubenssätze, die uns nicht ans Ziel kommen lassen wollen. Ich habe schon so verrückte Dinge selbst erlebt und Prozesse bei anderen begleitet. In einem Fall sind wir tief eingestiegen, weshalb die Person einfach keinen Erfolg im Berufsleben hat und nicht vorankommt. Sie hatte alles, was es braucht und musste nur noch machen. Und dann sind ganz verrückte Dinge passiert, und ein Kunde nach dem anderen ist abgesprungen, kaum jemand hat Verträge unterschrieben, der Erfolg blieb größtenteils aus. Als es doch endlich anfing zu laufen, hat die Person selbst die Taten reduziert und Ausreden gefunden, warum es jetzt gerade nicht geht. Als wir in die Verhaltensmuster eingestiegen sind, konnten wir herauskristallisieren, dass es an tiefen Geld-Glaubenssätzen lag. Wir haben eine Übung gemacht, welche das erschreckende Ergebnis zu Tage getragen hat, dass die Person *Geld* mit *Leid* verbindet. So kann man selbstverständlich kein oder zumindest nicht viel Geld verdienen. Das Unterbewusstsein will dich schützen und tut alles dafür. So hat sich diese Person also soweit selbst sabotiert, dass sie gar keinen Erfolg haben konnte. Zumindest nicht, ohne das Thema zu lösen.

Was lernst du aus dieser Geschichte? Überlege dir, wo deine tiefen Glaubenssätze sind. In meinen Seminaren gehe ich mit den Teilnehmern hier oft in die Tiefe und lasse sie alle Glaubenssätze ausarbeiten. Starten wir hier mit zehn Glaubenssätzen. Wenn du nicht weißt, was ein Glaubenssatz ist, dann lies unterhalb der Übung die Beispiele durch.

Ansonsten mache bitte zuerst die Übung, damit du nicht beeinflusst bist.

1.) ____

2.) ______________________________

3.) ______________________________

4.) ______________________________

5.) ______________________________

6.) ______________________________

7.) ______________________________

8.) ______________________________

9.) ______________________________

10.) ______________________________

Glaubenssätze sind etwas Schreckliches. Sie halten dich buchstäblich von deinem Erfolg fern. Glaubenssätze sind z.B. „Ich bin nicht gut genug.“, „Geld ist schlecht.“, „Erfolgreiche Unternehmer sind böse Menschen.“, „Menschen mit Geld sind alles Abzocker.“, „Ich bin unsportlich.“. Wenn du diese Glaubenssätze hast, kannst du niemals sportlich sein, denn du hast es deinem Unterbewusstsein verboten, dass du besser wirst. Du darfst viele positive Dinge nicht in deinem Leben haben, da du es nicht wert bist. Geld kann nicht in dein Leben treten, denn du willst ja kein schlechter Mensch sein. Ebenso kannst du niemals ein erfolgreicher Unternehmer sein, da du ja wieder kein schlechter Mensch sein willst!

Notiere die drei gravierendsten Glaubenssätze, die in dir schlummern und mit denen du dich selbst sabotierst.

1.) ____

2.) ____

3.) ____

Oft sagen Menschen, jemand sei halt so geboren. Kennst du den Satz? So ein Bullsh*t! Machen Babys sich Gedanken und haben Selbstzweifel? Sind Babys erfolgreiche Unternehmer? Nein. Sie sind einfach da und tun. Sie schreien, essen, machen die Windel voll, weinen, lachen, krabbeln, brabbeln und tun einfach das, wonach ihnen gerade ist. Glaubenssätze sind immer antrainiert und entweder von uns selbst oder von unserem Umfeld geschaffen.

Was ist dein absoluter Killer-Glaubenssatz?

1.) ____

Stell dir mal vor, was alles möglich ist, wenn du das gelöst hast? Mein Glaubenssatz Nummer 1 war lange Zeit, dass ich nicht gut genug bin. Diesen aufzulösen, hat mir eine neue Welt eröffnet. Eine Welt, in der plötzlich so viel Fülle vorhanden und Erfolg möglich geworden ist.

Dein Fazit: ____________________________________

Die Klarheit und der Schweinehund

Da du selbst dein größter und einzig ernstzunehmender Gegner bist, schauen wir uns noch einen weiteren Teil an, der bei vielen Menschen ein großer Hemmer des Erfolgs ist. Wir haben uns bereits dein Ego angeschaut, deine Zweifel betrachtet und festgestellt, dass Selbstsabotage vielerorts zur Tagesordnung gehört. Eine Kreatur fehlt noch in der Sammlung. Dein Schweinehund! Dieses kleine zarte Hündchen kann ein richtiges Biest sein! Du hast eigentlich einen klaren Plan, was heute zu tun ist und hast auch deutliche Ziele vor Augen, was du alles erreichen möchtest und dann kommt er.

„Lass uns doch lieber Netflix schauen. Komm schon. Gestern kam doch die neue Staffel unserer Lieblingsserie raus. Den Kram hier kannst du doch auch morgen noch machen.“

Kommt dir das bekannt vor? Kennst du solche Momente? Unbeschreiblich, was für eine Macht da schlummert, die immer dann rauskommt, wenn man sie gerade am wenigsten braucht, und dann geht gar nichts mehr. Es ist höchste Zeit, dem Monster den Garaus zu machen. Das kannst du tun, indem du immer wieder in den Kampf trittst und als Sieger hervorgehst. Definiere dir klare Zeiträume, in denen dein Schweinehund nichts zu sagen hat und ziehe das knallhart durch. Dein Handy ist weg, Netflix existiert in dem Moment nicht, und du bist fokussiert. So ein Zeitraum darf nicht zu lange sein, da du sonst früher oder später den Kampf doch wieder verlierst. Beginne lieber mit kleineren Zeiträumen und steigere es bei Erfolg langsam! Jeder gewonnene Kampf macht dich stärker und schwächt den Schweinehund. Zusätzlich darfst du dich mit der ultimativen Schweinehund-Tötungs-Waffe ausstatten. *Klarheit.* Mit Klarheit schaffst du es, länger durchzuhalten und einen klaren Fokus auf deine Aufgaben und deine Ziele zu behalten.

Wenn du dich nicht aufhältst, kann dich niemand aufhalten

Du bist der einzig wahre Engpass auf dem Weg zu deinem Erfolg. Es gibt viele kleine andere Dinge, wie bspw. Geld, die auch eine Rolle spielen. Am Ende ist aber der limitierende Faktor wieder deine Wenigkeit und dein Mindset. Wenn du das richtige Mindset hast, dann kannst du für Geld auch einfach arbeiten gehen. Mach dir klar, dass es ab heute keine Ausreden mehr gibt. Du bist die einzige Ausrede, die es wirklich gibt. Wenn du etwas erreichen willst, dann tue es. Wenn nicht, dann lass es. Die Frage hierbei ist, ob du wirkliche Klarheit hast und ob du bereit bist, auch All-In zu gehen für deine Ziele. Die meisten Menschen sind nicht dazu bereit und finden immer wieder Ausreden. Sie blockieren und sabotieren sich selbst, reden sich alles schön und am Ende erreichen sie nicht das gewünschte Ergebnis. Alles nur, weil sie nicht alles dafür gegeben haben. Das ist schade.

Niemand sonst hat das Recht oder die Möglichkeiten, dich an deinem Erfolg zu hindern. Die einzige Limitation bist du. Natürlich musst du dir Ziele setzen, die physikalisch möglich sind und nicht gegen allzu viele Gesetze verstoßen, sonst wirst du physikalisch in den Knast befördert. Alles andere ist in deinem Kopf. Du hast schon viele Beispiele bekommen, wo Menschen selbst die Wissenschaft widerlegt und Unmögliches erreicht haben. Eines der schönsten Zitate, die ich bisher gehört habe, welches mehr oder weniger von Che Guevara kommt:

**„Seien wir realistisch,
versuchen wir das Unmögliche."**

Viel zu oft lassen wir uns abspeisen mit irgendwelchen fiktiven Grenzen und lassen unserem Geist nicht die Freiräume, die er braucht.

Hör auf zu zögern und mach es

Ab heute ist es deine Aufgabe, dir keine Limitationen mehr zu setzen, die nicht wirklich vorhanden sind. Wenn du etwas willst, dann hole es dir. Egal, was andere denken oder sagen, am Ende ist es dein Weg. Niemand wird ihn für dich gehen. Es gibt Leute, die gerne am Rand stehen und dir von außen sagen wollen, wie du zu laufen hast. Am Ende gehen sie den Weg aber nicht für dich. Frage dich also immer, ob diese Personen wirklich für dich und dein Glück sind oder sich nur aus Neid, Angst, Sorge oder sonstigen egoistischen Gründen an dich wenden.

Lass dich von nichts und niemandem mehr aufhalten und gehe deinen Weg!

„DU bist wundervoll."

Was hast du aus diesem Kapitel mitgenommen, und was setzt du direkt in deinem Leben um?

Dein Goldnugget:

____

Woher kommen Selbstzweifel?

Die Selbstzweifel einfach wegzupacken und deine Glaubenssätze hinter dir zu lassen, ist leichter gesagt als getan. Das ist natürlich nichts, was *einfach mal so* geht. Du darfst zuerst herausarbeiten, wo sie herkommen und ob du nach wie vor dahingehend beeinflusst wirst. Es gibt so viele Quellen, die Zweifel erzeugen. Alle diese Quellen des Zweifels gilt es auszumerzen. Auch wenn das jetzt hart klingt und es noch härter wird, wenn wir uns die genauen Stationen anschauen, ist es dennoch notwendig, durch die unbequeme Situation durchzugehen und alles hinter dir zu lassen. Das bedeutet nicht, dass du all diese Menschen und Orte aus deinem Leben entfernen musst, sondern, dass du dir ein Bewusstsein dafür schaffst, dass bisher eine Beeinflussung stattgefunden hat. Dann kannst du jeweils entscheiden, wen davon du weiterhin in deinem Leben behältst und wen du entfernst.

Die verschiedenen Stationen in deiner Entwicklung

In deinem Leben hast du verschiedene Stationen durchlaufen und hattest verschiedene Menschen, die eine große Rolle darin gespielt haben. Diese Stationen sind bei den meisten Menschen nahezu identisch und doch höchst individuell.

- Eltern
- Lehrer
- Freunde
- Partner
- Kollegen
- Nachbarn
- Trainingskollegen beim Sport
- usw.

Notiere dir hierzu, wer die Menschen sind, mit denen du die

meiste Zeit verbringst und ob sie dir Energie geben, Energie nehmen oder sie neutral sind.

	Wer?	Auswirkung auf deine Energie
1.)	______________________	______________________
2.)	______________________	______________________
3.)	______________________	______________________
4.)	______________________	______________________
5.)	______________________	______________________
6.)	______________________	______________________
7.)	______________________	______________________
8.)	______________________	______________________
9.)	______________________	______________________
10.)	______________________	______________________

Spannend, das zu betrachten, oder? Gibt dir dein Umfeld eher Energie oder nimmt es dir eher Energie? Sei auch hier unbedingt ehrlich zu dir selbst! Das ist eine der wichtigsten Übungen, bei der kein aussagekräftiges Ergebnis rauskommt, wenn du nicht absolut ehrlich zu dir selbst bist. Erstmal egal, wie es sich anfühlt.

Dein Fazit: ____

Dein Elternhaus

Die größten Manipulatoren deines Lebens sind in der Regel deine

Eltern. Eltern meinen es doch immer gut, oder? Das ist eine berechtigte Frage. Wenn du selbst Kinder hast, dann stell dir diese Frage. Liegt dir das Glück deiner Kinder am Herzen? Wirklich? Das Glück des Kindes ist es, sein Potenzial zu entfalten und ein wunderbares Leben zu leben. Handelst du immer so? Haben deine Eltern immer so gehandelt? Oder haben sie dich oft klein geredet und dir gesagt, was du alles nicht tun sollst? Für fast alles in Deutschland braucht man eine Ausbildung, eine Berechtigung, einen Schein oder was auch immer. Nur für eine der zwei wichtigsten Rollen, die es im Leben eines anderen Menschen gibt, gibt es keine Prüfung. Eltern sein. Was machen Eltern alles falsch?! Es ist unbeschreiblich. Wenn du Kinder hast oder Kinder möchtest, dann denke wieder zurück an das Kapitel über dein Ego und gehe entweder zurück und lies es nochmal oder denke offen darüber nach, was du deinem Kind bieten möchtest und wie du es wahrlich fördern kannst. Eltern schaffen die gesamte Basis der Glaubenssätze und bestimmen damit die Grundrichtung des Lebens der Kinder. Die Härte ist, dass die meisten Eltern nach der Erziehung damit nicht aufhören, sondern ihre Kinder weiter mit Limitierungen, Ängsten, Zweifeln und Negativität füttern. Hier sind im Coaching bei fast jedem die größte Baustelle und der größte Aufwand, Heilung zu stiften.

Schule

Hier geht es dann prächtig weiter. Lehrer sind der zweite große Faktor, limitierende Glaubenssätze zu implementieren. Ich durfte wenige Lehrer in meinem Leben kennenlernen, die einen einigermaßen ordentlichen Job gemacht haben. Die meisten waren griesgrämig und haben mich und meine Mitschüler nur mit Negativität und Limitierungen begossen. Eine schreckliche Verhaltensweise. Unmöglich eigentlich, dass so etwas von unserem System toleriert wird. Ein Glück hast du zu deinen Lehrern nach der Schule in der Regel keinen Kontakt mehr, es sei denn, es handelt sich um ein positives Verhältnis zwischen euch. Dennoch sitzen die Glaubenssätze tief und dürfen erstmal aufgearbeitet werden. Sobald diese gelöst sind, ist glücklicherweise Ruhe.

Deine Freunde

Freunde begleiten dich dein ganzes Leben. Ähnlich wie die Eltern wirst du sie so schnell nicht los. Und das ist auch gut so. Oder? Es kommt auf deine Freunde an. Freunde, die dich jedes Mal nur als starke Schulter nutzen, ohne selbst etwas in die Beziehung zwischen euch zu investieren, sind nur Ballast. Vielleicht denkst du jetzt, dass das zu harte Worte sind und das den Freunden unrecht tut, da sie dich doch brauchen. Überlege, wie lange das gut gehen kann und was die Konsequenzen davon sind, immer wieder mit Negativität beladen zu werden. Das Schöne an Freundschaften ist, dass du nicht damit geboren wirst, sondern deine Freunde bewusst wählen kannst. Ein Freund sollte immer jemand sein, der dir Energie spendet. Wenn du merkst, dass du jedes Mal weniger Energie hast, nachdem du mit jemandem Zeit verbracht hast, dann schieß ihn ab. Beende die Freundschaft und suche dir andere Menschen, die dich so schätzen, wie du bist und dir Energie geben. Auch in Bezug auf Freundschaft gibt es massive limitierende Glaubenssätze, die dich von deinem Weg abbringen können, wenn du nicht genau hinschaust. Sei also immer vorsichtig, wen du an dich heranlässt und lass niemals zu, dass du negativ beeinflusst wirst, auch nicht zu deinem angeblichen Schutz.

Der erste Schwarm

Nicht zu unterschätzen ist, welche Macht die ersten Erfahrungen mit dem Geschlecht deiner Wahl auf dein weiteres Leben haben. Hast du hier sofort Bestätigung erhalten oder immer wieder Ablehnung? So oder so prägt dies deinen Selbstwert und deine inneren Glaubenssätze maßgeblich – in die eine oder in die andere Richtung. Besonders schlimm wird es hier erfahrungsgemäß, wenn du dein eigenes Geschlecht bevorzugst oder andere in der Gesellschaft kritisch betrachtete Vorlieben hast und dich nicht traust, mit jemandem darüber zu sprechen. Hier entstehen Selbstzweifel, die eine ungeheure Kraft kosten. Meistens sind genau diese Menschen dann so verletzt, dass sie auch keine Hilfe annehmen können. Wenn dies bei dir der Fall ist, dann sprich darüber! Mit jemandem zu sprechen, der dich versteht, löst bereits vieles auf, egal um welches Thema es sich handelt.

Dein Partner

Sobald die elterliche Erziehung abgeschlossen ist, und falls sich die Eltern danach zumindest einigermaßen aus deinem Leben zurückziehen, beginnt mit der Partnerschaft die größte Beeinflussung des Erwachsenenlebens. Eine Partnerschaft mit einem anderen Menschen erfordert Vertrauen und Liebe. Genau hier ist das Problem. Dein Partner hat den direktesten Draht zu dir, den ein Mensch in einer normalen Situation haben kann. Du hast dich ihm geöffnet und bist auch körperlich wortwörtlich All-In gegangen, bzw. hast den anderen aufgenommen. Es gibt ja auch den bekannten Spruch *„Ich habe dich in mein Herz geschlossen"*, welcher die Nähe und die Macht der Partnerschaft schön beschreibt. Wenn ich jemanden in mein Herz geschlossen habe, lasse ich ihn da auch wieder raus? Und wenn du dein Herz für jemanden öffnest und ihn da reinlässt, stellt er dort dann auch nichts an? Lässt er alles ganz oder reißt er dort alles in Stücke?

Nimm dich in Acht, wen du so nah an dich ranlässt und rede insbesondere mit deinem Partner Klartext, wie du dir dein Leben und eure Partnerschaft vorstellst, was verhandelbar und was nicht verhandelbar ist. Alles andere hält ohnehin nicht oder macht dich im schlimmsten Fall kaputt. Das wäre sehr schade, denn wenn du schon so weit gekommen bist und alle Aufgaben in diesem Buch zu 100 % erledigt hast, dann bedeutet das, dass du zu sehr vielem fähig und ein besonderer Mensch bist.

Deine Kollegen und dein Chef

Wenn du angestellt bist oder mit anderen Selbstständigen in einem Verbund arbeitest, dann verbringst du mit deinen Kollegen den halben wachen Tag und das fünfmal jede Woche, Urlaub ausgenommen. Das ist oft mehr Zeit, als wir mit unserem Partner, unserer Familie oder gar unseren Freunden verbringen. Auch hier ist es also wichtig zu verstehen, wie stark der Einfluss ist und wie vorsichtig wir sein müssen, was wir uns sagen lassen und was nicht. Es kommen oft ungefragtes Feedback, gut gemeinte Ratschläge, klare Ansagen über unsere Person und weitere Statements, die Zweifel schüren oder uns kränken. Mal ganz zu schweigen von der Mentalität der meisten Angestellten. Nach Angaben der Gallup Studie von 2019 verrichteten ca. 69 Prozent aller Arbeitnehmer nur Dienst nach Vorschrift, während 16 Prozent sogar bereits emotional so distanziert sind, dass sie schon innerlich gekündigt haben. Krass, oder? Dann ist es auch verständlich, dass jeden Montag am Kaffeeautomat gestöhnt wird, wie schlimm alles ist und dass „Wir hoffentlich die Woche überstehen." Das ist doch echte Sch**ße! Wir haben so ein kurzes Leben, und dann besteht das nur aus Jammern und Motzen, statt wirklich etwas zu verändern. Lass dich auf keinen Fall von solchen Jammerern runterziehen und dir irgendwelche Gedanken implementieren. Geh deinen Weg, wie auch immer der aussieht und lass dir nichts sagen.

Die Gesellschaft

Viele der Glaubenssätze, die du von deinen Eltern oder von Freunden bekommen hast, kommen entweder von deren Eltern oder von der Gesellschaft. *Man tut dies nicht, man tut jenes nicht.* Verrückt, was nicht alles normal ist. Egal, ob beruflich, finanziell, sexuell, partnerschaftlich, körperlich oder was auch immer – überall werden dir Grenzen gesetzt und dir gesagt, dass du nicht richtig bist, wenn du es anders machst. Die Frage ist hier, ob du anders sein willst. Willst du ein normales oder ein besonderes Leben? Ein besonderes Leben wirst du sicher nicht erreichen mit einer Standard-Partnerschaft, die monogam ist und in der ihr euch betrügt, einem Standard-Job, der montags mit acht Kaffee und drei Stunden Jammern beginnt und einem Standard-Einkommen, das zu viel Monat am Ende übrig hat. Auch hier ist also wieder wichtig, Klarheit darüber zu haben, was du willst und was du bereit bist, dafür zu tun. Kommst du klar damit, dass die Gesellschaft dich teilweise verstößt, wenn du einen anderen Weg gehst, der „nicht richtig", also nicht normal ist?

Der größte Kritiker blickt uns oft im Spiegel an

Wenn du jetzt alle negativen, personellen, äußeren Faktoren aus deinem Leben entfernt hast, dann hast du es endlich gepackt! Nie mehr Negativität, richtig? Leider noch nicht ganz. Es gibt noch einige weitere Faktoren, die du eliminieren darfst. Hörst du Nachrichten oder schaust du die Tagesschau im Fernsehen? Liest du gerne Schauernachrichten im Internet oder der Zeitung? Überall finden wir Negativität, die dich und dein Denken beeinflusst. Sei sehr vorsichtig, welches Gedankengut du in deinen Kopf lässt und was dort nichts zu suchen hat.

Jetzt kommt nämlich mal wieder der größte Endgegner, der dir im Weg steht. Du. Wir selbst sind so oft unser größter Kritiker in unserer Gesellschaft. Beim Blick in den Spiegel im Bad kommt schnell der Blick auf die Falten, den zu großen Bauch, die schlaffen Arme oder sonstiges, statt den Blick darauf zu richten, was alles wunderschön an dir ist! Vielleicht hast du als Frau die schönsten Augen, die die Welt gesehen hat, wunderschöne Grübchen, süße Sommersprossen, weiche Haut oder als Mann einen charismatischen Blick, einen prächtigen Bart, ehrliche und beachtliche Augen, eine gute Statur. Es gibt unendlich viele Merkmale, und die meisten Menschen fokussieren sich auf die Stellen, die nicht so ganz perfekt sind. Warum sich runterziehen lassen von solchen Dingen, wenn du doch eigentlich wundervoll bist und das auch tief im Inneren weißt.

Dein Fazit: ____

Genug ist genug

Nachdem du jetzt die verschiedenen Parteien kennengelernt hast, schreibe die fünf Menschen auf, mit denen du die meiste Zeit verbringen willst oder solltest.

	Wer?	Warum?
1.)	______________________	________________________
2.)	______________________	________________________
3.)	______________________	________________________
4.)	______________________	________________________
5.)	______________________	________________________

Schau dir nochmal die zehn engsten Personen an. Sind alle fünf darin schon enthalten? Wenn nicht, dann prüfe streng, wen du davon aussortieren darfst, um Platz für die Personen zu schaffen, die jetzt bei den fünf Personen, zuvor aber nicht bei den zehn Personen aufgeführt sind.

„Du bist der Durchschnitt der fünf Menschen, mit denen du die meiste Zeit verbringst."

Du hast schon genügend Lebenszeit damit verbracht, dich von Energievampiren aussaugen zu lassen, und jetzt ist deine Zeit gekommen, dich voll und ganz auf deine persönlichen Energietankstellen zu fokussieren. So ebnest du den Weg für ein glückliches und erfolgreiches Leben, indem du im Mittelpunkt stehst und gleichzeitig ausreichend Energie hast, um für andere Menschen als Energietankstelle Gutes vollbringen zu können.

Jetzt weißt du, woher deine Glaubenssätze und deine Zweifel zum Großteil kommen. Was ist der eine wichtigste Punkt, den du für dich und dein Leben hieraus mitnimmst, um in die Veränderung und dein volles Potenzial zu kommen?

Dein Goldnugget:

____

Aufgeben ist keine Option!

Gibst du bereits auf, bevor es eigentlich wirklich losgeht? Oder gehörst du zu denen, die anfangen, eine Zeitlang rödeln und tun, um dann, wenn es wirklich anstrengend wird, doch aufzugeben? Es ist wichtig, dranzubleiben! Klar gibt es Momente, in denen du nicht mehr kannst und in denen alles keinen Sinn mehr zu machen scheint. Es gibt vielleicht sogar Momente, in denen du so stark zweifelst, dass du alles hinschmeißen willst. Auch ich hatte immer wieder Momente, in denen ich mich gefragt habe, warum ich das alles mache. Warum nicht einfach Hartz IV, Netflix, Computer spielen und durch die Welt tingeln? Egal, was kam, ich habe immer weitergemacht! Allein hätte ich das ehrlicherweise nicht geschafft. Drum bin ich unendlich dankbar für die Menschen, die mir immer wieder Kraft gegeben haben und ein Ansporn waren. Menschen, die direkt oder indirekt für mich da waren. Schon ein kleiner Zuspruch auf eine Instagram-Story kann Wunder wirken. Deshalb ist es auch so wichtig, immer wertschätzend zu sein und anderen Support zu geben, damit sie dranbleiben und ihren Weg verfolgen.

Gib nie, nie auf

Kennst du Motivationsbilder auf Social Media? Da gibt es die wildesten Dinger. Lustige und unglaubliche Videos, Geschichten, Karikaturen und wunderschöne Zeichnungen. Es gibt auch ein geniales Bild, bei dem du ein geteiltes Bild siehst. Du siehst übereinander zwei Schächte unter der Erde, in denen jeweils ein Mann mit einer Spitzhacke ist. Die Schächte kommen vom linken Bildrand rein und am rechten Bildrand ist eine riesige Höhle voller Diamanten. Ein gigantischer Schatz, nachdem die beiden Männer graben. Der Mann im unteren Schacht hat noch wenige Zentimeter bis zur Diamantenhöhle, dreht der dünnen Wand zwischen ihm und dieser, jedoch mit trauriger Miene, den Rücken zu. Währenddessen gräbt im oberen Schacht der andere mit strahlender Miene den Weg dazu frei und steht etwa bei der

Mitte des Schachts mit noch etlichen Metern Gestein vor sich. Beide haben keine Ahnung, wie weit sie noch graben müssen. Während der eine noch weit weg, aber voller Motivation ist, hat der untere kurz vor dem Ziel aufgegeben und die ganze Mühe war umsonst. Was lernst du aus diesem Bild? Du weißt nie, wie kurz du vor deinem Durchbruch und dem lang ersehnten Erfolg stehst. Oft hört man davon, dass Menschen über Nacht erfolgreich wurden, da sie dann den Durchbruch hatten. Genau das kann dir passieren. Die Wahrscheinlichkeit ist nur relativ gering, wenn du nicht alles dafür tust und vor allem, wenn du irgendwann aufgibst.

Dein Fazit: ______________________________

Entwicklung und Wachstum ist mit Schmerz verbunden

Der Weg zum Erfolg ist immer versehrt mit Herausforderungen, die du meistern musst, wenn du an die Spitze willst. Niemand hat behauptet, dass es leicht ist. Wenn es leicht wäre, dann wären viel mehr Menschen erfolgreich. Es gibt natürliche Barrieren, die auf dem Weg aufkommen und die dich entweder am Erfolg scheitern lassen oder dich stärker daraus hervorgehen lassen. Es ist immer deine Entscheidung, wie du darauf reagierst und was du daraus machst. Ein gewisser Masochismus oder eine starke Schmerzresistenz ist jedenfalls gefordert, wenn du dich intensiv entwickelst und Wachstum einer deiner Hauptwerte ist. Ich hoffe, du hast jetzt wieder ein Schmunzeln oder Lachen auf dem Gesicht und sitzt nicht verkrampft da und denkst, „Wie kann der hier sowas schreiben". Humor gehört zum glücklichen und erfolgreichen Leben in meiner Welt auch dazu. Wie viel Schmerz hältst du für deine Vision und für deine Ziele aus? Was bist du bereit, dafür zu geben?

Dein Fazit: ______________________________

Du brauchst ein großes Durchhaltevermögen

Ohne Durchhaltevermögen kommst du niemals ans Ziel. Außer dein Ziel ist zu klein. Es gibt natürlich viele, die denken, sie sind schlau und die sich kleine Ziele setzen, damit sie sie auch ja erreichen. Die Frage ist, ob das schlau oder dumm ist. Auf der Veranstaltung eines bekannten Vertriebscoachs hat dieser eine Übung mit einem Freiwilligen gemacht. Er hat ihn auf die Bühne kommen lassen und ihn gefragt, wie viele Liegestütze er schafft. Die Antwort war 100 und da ging ein Raunen durchs Publikum. Der Vertriebscoach hat sich 20 als Ziel gesetzt. Beide haben ihre Liegestütze nebeneinander gemacht, und der Vertriebscoach hat seine 20 geschafft und ist dann unter tosendem Applaus des Publikums aufgestanden, während der Freiwillige noch einige Liegestütze mehr gemacht und insgesamt auf 40 gekommen ist. Dafür hat er sich einen leisen und halb ernstgemeinten Applaus des Publikums eingeheimst. Der Vertriebscoach hat anschließend dem Publikum erklärt, dass der andere die doppelte Anzahl geschafft hat wie er. Am Ende kommt es auf das Ergebnis an.

Dazu gibt es einen passenden Spruch, den ich sehr schätze:

**„Wer all seine Ziele erreicht,
hat zu kleine Ziele."**

Das beschreibt sehr schön, wie stark die Kraft eines Ziels sein kann und wie kraftvoll visionäres Denken ist. Mach dir Gedanken, wie groß deine aktuellen Ziele sind und ob da noch was geht.

Dein Fazit: ______________________________________

Setze dir klare Ziele und eine große Vision

Hast du dir denn überhaupt schon mal wirklich Gedanken über deine Ziele gemacht, und hast du Ziele? Das ist die Grundvoraussetzung, wenn du mehr als der Durchschnitt willst.

Für ein normales Leben brauchst du keine Ziele, und da ist es ausreichend, einfach normal zu sein. Wenn du jedoch hoch hinauswillst, dann brauchst du Ziele. Deine Ziele sollten immer klar, konkret, messbar und unmissverständlich sein. Nur so hast du einen klaren Plan, wo die Reise hingehen soll. Die nächste Frage ist, ob du eine große Vision hast. Großartig zu sein bedarf auch besonders großes Denken. Eine Vision zu haben, bedeutet, ein größeres und bedeutsames Ziel zu haben, das über dir steht und das im besten Fall sogar über dein Leben hinaus geht, so groß ist es. Meine Vision ist sehr grob gesagt, das Schulsystem im DACH-Raum zu revolutionieren und Persönlichkeitsentwicklung in die Schulen zu bringen. Je klarer du dir deine Ziele und deine Vision formulierst, desto wahrscheinlicher ist, dass du durchhältst und damit auch die Erreichung.

Wirkliche Klarheit ermöglicht es, dranzubleiben

Sei absolut klar. Um wirkliche Klarheit zu gewinnen, darfst du tief in dich gehen. Dazu gibt es spannende Übungen im späteren Verlauf des Buchs. Um zu deiner absoluten Klarheit zu kommen, ist es in erster Linie wichtig zu wissen, was du willst und was du nicht willst. Es ist ebenso wichtig, mit kompletter Ehrlichkeit und Offenheit, dir selbst und dem Prozess gegenüber, an die Sache heranzugehen. Bist du offen und ehrlich dir gegenüber? Gibt es versteckte Geheimnisse, die du auch vor dir selbst hütest? Mach immer wieder Bestandsaufnahmen, wo du gerade selbst stehst und wie klar du wirklich bist. Klarheit findest du auch nicht oder nur selten in deinem Kopf. Dort kommt sie an, sobald du sie gefunden hast. Suchen darfst du sie allerdings in deinem Geist und deinem Herzen. Durch Denken wirst du nicht hinkommen und keine Klarheit erlangen. Wenn du völlige Klarheit besitzt, macht das wiederum alles einfacher und nimmt dir auch in schweren Momenten die Zweifel und lässt dich durchhalten.

Was bist du bereit dafür zu tun?

Die alles entscheidende Frage, sobald du weißt, was du willst und was du nicht willst, ist, was du bereit bist, dafür zu tun. Es gibt immer wieder intelligente Individuen, die solche Übungen sogar mitmachen und hinterher nicht verstehen, dass sie auch in die Umsetzung dafür gehen müssen. Stell dir die Frage unbedingt, was du bereit bist, für deine Ziele und für die ganzen Punkte aus deinen Mindmaps zu tun. Bist du bereit, dafür in dich zu investieren? Bist du bereit, dein Umfeld zu verändern? Bist du bereit, einige spaßige Aktivitäten für einige Zeit aufzugeben? Bist du bereit, auf Luxus für eine Weile zu verzichten? Bist du bereit, auf dein Auto zu verzichten? Auf dein Bett? Ja, du hast richtig gehört. Es gibt Menschen, die für Ziele so weit gehen, dass sie ihr Bett für einige Zeit verkauft und nur noch auf einer Matratze geschlafen haben, um an ihr Ziel zu kommen. Das ist absolutes Commitment! Die Frage ist, ob du auch bereit bist, soweit zu gehen und natürlich, ob das überhaupt notwendig ist. Je nachdem, wo du hin möchtest und wo du schon stehst, ist das unter Umständen irrelevant.

Dein Fazit: ____

Wen oder was musst du hinter dir lassen?

Was für eine Veränderung immer notwendig ist, ist, Menschen und Aktivitäten hinter dir zu lassen. Vielleicht kennst du es noch aus Schulzeiten, deiner Ausbildung oder deinem Studium, deinem ersten Job oder nach einem Umzug. Jedes Mal, wenn du in ein neues Umfeld gelangst, hast du die Chance, neue Menschen kennenzulernen und neue Freunde zu gewinnen, richtig? Das stimmt nur bedingt. Du hast nur die Chance, wenn du dich öffnest und auch Platz schaffst für neue Menschen in deinem Leben. Das funktioniert nur, indem du andere Freunde runterpriorisierst. Das heißt, du verbringst mit einigen alten Freunden weniger Zeit und verlierst den Kontakt, um neue Kontakte zu knüpfen. So funktioniert unsere Welt nun mal. Es führt kein Weg daran vorbei, wenn du einen wirklich engen Kontakt pflegen und auch Zeit zu zweit mit qualitativ hochwertigen Gesprächen verbringen möchtest. Genauso ist es auch, wenn du zum Beispiel eine neue Sportart lernen möchtest. Wenn du bereits Fußball spielst, und du willst jetzt Basketball lernen, dann musst du Zeit vom einen wegnehmen und es dem anderen geben - zumindest, wenn du es ernsthaft lernen willst. Exakt das Gleiche ist es, wenn du dich auf den Weg zu deiner neuen Welt machst. In deine neue Welt passen manche deiner ehemaligen Kontakte und Freunde einfach nicht rein. Ebenso gibt es viele Aktivitäten, die du austauschen musst, wenn du ein neues Ziel hast und in eine neue Welt eintauchen möchtest.

Dein Fazit: ____

Es wird härter als in deinem schlimmsten Traum

Deine Freunde hinter dir zu lassen, Zeit mit deinen Liebsten zu reduzieren, deine Freizeitaktivitäten nicht mehr zu verfolgen und viele andere Veränderungen können sehr schmerzhaft sein. Es ist also umso wichtiger, dass du Klarheit hast, was du wirklich willst und was du bereit bist, dafür zu tun. Wo soll deine Reise wirklich hingehen, und wie wichtig ist dir die Veränderung deines jetzigen Lebens?

Für mich waren Veränderungen teilweise so hart, dass ich tagelang Schüttelfrost bekommen habe und ich war schon kurz davor aufzugeben und wieder zurückzugehen in meine bequeme alte Welt. Ohne meinen Coach, der mich immer wieder fragend daran erinnert hat, weshalb ich mich auf den Weg gemacht habe, hätte ich es nicht geschafft, dranzubleiben und weiterzumachen. Du brauchst Menschen, die an dich glauben und die deinen Weg sehen und unterstützen. Ansonsten wirst du kläglich scheitern und wieder zurück in dein altes Leben gehen müssen.

Warum habe ich weiter gemacht?

Dass Daniel mich immer wieder aufgebaut und daran erinnert hat, was ich will, war immens wichtig. Gleichzeitig habe ich selbst gemerkt, wie gut mir die Veränderungen tun und welche Ergebnisse ich plötzlich erzielen kann. Nicht nur die finanziellen Veränderungen, die eine ganz andere Lebensweise und eine neue Welt ermöglichen, sondern vor allem auch die Veränderungen meiner Denkmuster und was ich in anderen Menschen auslösen kann. Ohne den Weg weiterzugehen, wäre auch nie dieses Buch entstanden. Niemand könnte meine Posts in Social Media oder die ganzen Videos schauen. Regelmäßig erreichen mich Nachrichten, wie dankbar Menschen dafür sind und wie sehr es sie inspiriert. Hätte ich mich klein kriegen lassen von den Schmerzen, von den Stimmen anderer und von meinem inneren Zweifler, dann hätte ich so viele Menschen im Stich gelassen.

Genauso ist es auch bei dir. Wenn du das Gefühl hast, dass du etwas Besonderes bist, und aus meiner Sicht bist du das allein schon, da du das Durchhaltevermögen hast, dieses Buch soweit zu lesen, dann hast du die Pflicht, andere Menschen zu inspirieren, indem du dein Potenzial nutzt und ein wundervolles Leben vorlebst.

Die Herausforderungen hören nie auf

Wenn du dich für den Weg der Potenzialentfaltung entscheidest, dann ist das ein lebenslanger Prozess. Selbst wenn du dich dagegen entscheidest, bist du in einem lebenslangen Prozess. Du kommst nicht drum herum, immer wieder an dir und deinem Leben zu arbeiten, wenn du glücklich sein willst. Es gibt permanent neue Herausforderungen, denen du dich stellen darfst. Mit welcher Einstellung gehst du an diese ran? Ist es dir zu viel und du nörgelst und quengelst, dass es doch bitte aufhören soll und du genug hast vom ewigen Entwickeln? Oder freust du dich darauf, eine weitere spannende Herausforderung zu meistern, daran zu wachsen und hinterher damit wieder anderen Menschen auf ihrem Weg helfen zu können? Wenn du das für dich geklärt hast, weißt du, ob du glücklich bist. Selbstverständlich gibt es Momente, in denen jeder mal denkt, „Das kann doch wohl jetzt nicht wahr sein!" In einem Moment die Fassung zu verlieren oder sich zumindest kurzzeitig zu beschweren, ist nichts Verwerfliches. Es geht um deine Grundhaltung. Ist diese positiv oder negativ?

Ich wünsche dir, dass du in diesem Kapitel viel Klarheit über dein weiteres Leben und deine Ziele bekommen hast. Was ist deine Top-Erkenntnis daraus? Was ist dein Goldnugget?

Dein Goldnugget:

____

Tragische Lebensereignisse

Wir wissen nie, was uns in unserem Leben alles widerfahren wird. Gerade, wenn wir denken, jetzt ist doch alles gut, kann plötzlich etwas passieren, mit dem wir nicht gerechnet haben. Gleichzeitig kann auch gerade alles schieflaufen, und dann begegnest du deinem Traumpartner und alles wendet sich wieder zum Guten. Es gibt unendlich viele Szenarien, wie dein Leben ablaufen kann und was passieren wird, ist eines davon. Es ist unmöglich, das genau vorauszusagen. Worauf wartest du also noch? Kennst du Menschen, die ihre Träume immer wieder verschieben, weil sie denken, „Es ist ja noch Zeit"? Woher wissen sie das? Wer hat ihnen gesagt, wie viel Zeit sie noch haben? Du weißt nie mit absoluter Sicherheit, ob du das Erwachen am nächsten Morgen erleben wirst. Fang endlich an zu leben! Und zu leben bedeutet nicht, dich mit Alkohol zu sedieren und wie ein Zombie durchs Leben zu gehen, sondern etwas daraus zu machen. Verbringe Zeit mit deinen Liebsten, schaffe Großes, erlaube dir Luxus, tue Gutes und spende für andere. Es gibt so vieles, was wir im Stande sind zu tun, wenn wir es nur wollen. Wenn du einen Partner hast, dann frage dich, ob du ihn wirklich liebst. Wenn nein, dann beende die Partnerschaft und sei entweder mit dir allein oder mit jemandem, den du wirklich liebst. Mein Mentor hat folgenden Satz in meinem Leben geprägt:

**„Lieber allein allein,
als zu zweit allein."**

Wenn du deinen Partner liebst, dann sag ihm das jeden Tag und liebe ihn in vollen Zügen. Das Leben ist – unabhängig davon, wann es zu Ende ist – viel zu kurz, um Trübsal zu blasen und unglücklich zu sein. Du hast es in der Hand, dein Leben lebenswert zu machen und abends erfüllt ins Bett zu gehen.

Wie äußere Umstände dein Leben beeinflussen können

Es gibt die unterschiedlichsten Einflüsse, die ein Leben beeinflussen. Einige davon sind tragisch, und wenn du nicht aufpasst, kosten sie dich deine Lebensfreude und im schlimmsten Fall sogar dein Leben. Entscheidend ist, wie du dich entscheidest, damit umzugehen. Ich kann gut nachvollziehen, wenn du jetzt denkst, dass das leicht gesagt ist und wenn ein wirklicher Schlag kommt, doch alles anders und das doch nicht so einfach ist.

Mein wirklicher Start in die Persönlichkeitsentwicklung begann in einem Urlaub mit meiner Ex-Freundin, als sie sich mit positivem Denken auseinandergesetzt hatte und mir verklickern wollte, dass ich doch auch alles positiv sehen könne. Meine Reaktion war Wut und Fassungslosigkeit, und ich entgegnete ihr, dass ich doch nicht freudig durch die Welt tanze, wenn meine Eltern oder mein Bruder sterben. Daraus entstand eine hitzige Diskussion und einer der wenigen richtigen Streits unserer Partnerschaft. Das war das Beste, was mir hätte passieren können. Als trotziger Besserwisser habe ich die Unterhaltung rechthaberisch beendet, und wir sind für einige Stunden getrennte Wege gegangen. Blöderweise hat das an mir genagt, und ich konnte nicht aufhören, darüber nachzudenken, was sie gesagt hatte. Zwei Stimmen in meinem Kopf. Die eine sehr laut, sich aufregend, was eine Frechheit das doch war. Die andere Stimme war zu Beginn sehr leise und wurde dann immer lauter.

„Warum eigentlich nicht? Was hindert mich denn daran? Klar laufe ich nicht lachend durch die Welt nach einem schweren Verlust, aber warum monatelang verkriechen? Warum nicht auf die positiven Momente mit der Person fokussieren und dankbar sein für alles, was ich mit der Person teilen durfte?“

In diesem Moment wurde meine Dankbarkeit geboren, und ich ging zurück, entschuldigte mich, bedankte mich und den Rest kannst du dir denken. Mein Leben hatte in diesem Moment eine Wendung, wofür ich ihr für immer dankbar bin.
Es liegt also wie immer an dir, was du aus einer solchen Situation oder aus einem Schicksalsschlag machst und wie du damit umgehst.

Dein Fazit: ___________________________________

Ein Angehöriger verstirbt

Für die meisten das wohl schlimmste Szenario: Der Verlust der Eltern, des Partners, des Geschwisterchens oder sogar des eigenen Kindes. Selbst in einem solch tragischen Fall ist es unerlässlich, eine positive Sicht zu behalten. Trauerphasen sind unendlich wichtig und wertvoll, und es darf in meiner Welt nichts unterdrückt werden. Wer nicht trauert, der vergräbt seine Gefühle, und wer negative Gefühle nicht voll auslebt, der lebt auch positive Gefühle nicht voll aus. Wie schade ist es, wenn du dich über den neuen Job, die bestandene Prüfung, das „Ja" deines Partners oder sogar über die Geburt deines Kindes nicht voll und ganz freuen kannst, weil du ein emotionales Wrack bist? Lass all deinen Gefühlen freien Lauf. Auch das Abschiednehmen von Personen ist wichtig für diesen Prozess, warum eine Beerdigung ja auch ihren emotionalen Wert hat.

Umso wichtiger ist es, dass du mit deinen Liebsten ausreichend Zeit verbringst und die gemeinsame Zeit so wertvoll gestaltest, wie es nur möglich ist. Wenn du Zeit mit deiner Familie, deinen engsten Freunden oder anderen bedeutsamen Menschen in deinem Leben Zeit verbringst, dann leg das Handy weg, sortiere im Vorfeld deine Gedanken und habe etwas zum Notieren bei dir, dass du aufkommende Gedanken direkt zu Papier bringen kannst und so einen freien Kopf behältst. Sei immer im Hier und Jetzt. Wie oft war ich schon mit den Gedanken beim nächsten

Tag oder noch bei dem Kundenfall am Mittag, wenn ich abends Zeit mit meinen Liebsten verbracht habe. Mittlerweile schalte ich geistig alles aus und fokussiere mich darauf, hier zu sein. Das ist das Wertvollste, was du tun kannst. Wenn du weißt, dass du für die Menschen da warst und ihr eine wunderschöne Zeit hattet, dann fällt Abschiednehmen wesentlich leichter, und du hast keine Verlustängste mehr.

Eine schwere Diagnose

Ein weiterer Härtefall des Lebens ist, wenn du eine schwere Diagnose bekommst. Eine schlimme Krankheit. Es gibt etliche Diagnosen, die so gravierend sind, dass das Leben an einem vorbeizuziehen scheint. Die zwei spannenden Fragen sind, wie du auch hiermit umgehst und wie du dich auf die Möglichkeit vorbereitest. Es gibt private Kliniken, die mit Heilmethoden arbeiten, die nicht von Krankenkassen zugelassen sind und daher nicht bezahlt werden. Stell dir vor, ein Elternteil, Geschwisterteil oder der Partner bekommt eine solche Diagnose, und es gäbe die Möglichkeit, dies an einem anderen Ort der Welt für einen sechs- oder siebenstelligen Betrag heilen zu können. Was machst du dann, wenn du nicht vorher Gas gegeben hast? Was löst das für Gefühle bei dir aus? Hast du hier noch Geldglaubenssätze? Ist das nicht richtig, so zu denken? Oder ist es in deiner Welt einfach nicht möglich? Es ist möglich! Und es ist davon abhängig, was du im Vorfeld bereit bist zu tun. Nutzt du dein Potenzial?

Gehen wir mal davon aus, dass du es nicht getan hast, und dann bekommst du oder dein Umfeld eine solche Diagnose. Selbst dann liegt es wieder an dir, wie du damit umgehst und ob du dich davon runterziehen lässt und der Diagnose die Macht über dein Leben gibst. Die andere Möglichkeit ist, dass du dich darüber stellst und kämpfst! Immer wieder gibt es Menschen, die einfach nicht aufgeben und so auch schwerste Diagnosen überstehen.

Wie groß ist dein Wille zu leben? Wie schnell lässt du dich

unterkriegen? Gib nicht auf und stehe zu dir und deinem Leben! Auch hier ist es wieder eine Selbstwertfrage.

Ein plötzlicher Unfall

Ein Unfall ist laut Definition in der Versicherungslehre ein plötzliches, zeitlich und örtlich bestimmbares und von außen einwirkendes Ereignis, bei dem eine Person unfreiwillig einen Schaden erleidet. Das sagt schon alles, oder? Ein Unfall ist also nicht planbar, sondern er kommt plötzlich und unverhofft. Es ist unmöglich, sich wirklich darauf vorzubereiten. Und dennoch ist es – wie auch sonst – entscheidend, wie du damit umgehst. Auf einem spannenden Vortrag durfte ich vor einiger Zeit Rüdiger Böhms Geschichte lauschen, der einen Tag vor seinem 27. Geburtstag von einem LKW erfasst und überfahren wurde. Glück im Unglück wurden dabei „nur" die Beine auf Oberschenkelhöhe abgetrennt. Rüdiger lag 30 Tage im Koma und seine ersten Gedanken beim Aufwachen waren in etwa „Ach, du Sch**ße! Ich lebe noch! Danke!"

Bei dem Gedanken daran bekomme ich jedes Mal wieder Gänsehaut und Tränen in die Augen. Zu hören, wie positiv ein Mensch auf ein solches Ereignis reagieren kann, ist enorm. Rüdiger ist heute neben seiner zweiten Leidenschaft, Menschen zu motivieren, weiterhin als Extremsportler unterwegs – egal ob Wakeboard, Snowboard, Golf oder handbetriebenes Rennrad, nichts lässt er aus.

„Wo ist dein Fokus?"

Für mich ist das eine riesige Inspiration, dass keine Ausrede zählt und dass alles möglich ist, wenn du nur willst und dich auf die richtigen Dinge fokussierst.

Das unerwartete Ende einer Partnerschaft

Hast du schon mal darüber nachgedacht, wie viele Beziehungen heute Bestand haben? Gruselig, oder? Beziehungen brechen auseinander und hinterlassen immer mindestens einen unglücklichen Menschen, richtig? Das kommt darauf an. Wie lebst du deine Partnerschaft aus? Warum endet sie? Wartest du solange, bis es unweigerlich ist, dass einer von beiden fremdgeht? Muss alles jahrelang mies sein, bevor man es beendet? Oder gibt es auch die Möglichkeit, sich zu trennen, bevor es dazu kommt? Aber wenn doch noch alles gut ist, wieso sollte man sich dann trennen? So viele Fragen, auf die ich jetzt nicht näher eingehen werde. Denk darüber nach. Vor allem solltest du überlegen, welche verschiedenen Lösungen es gibt. Es gibt hunderte verschiedener Beziehungsmodelle, etliche Möglichkeiten, eine Partnerschaft zu führen, sie zu beenden oder sogar zu pausieren. Ob alles davon sinnvoll ist und jeder für alles geeignet ist, wage ich zu bezweifeln. Dennoch solltest du alles erstmal in Betracht ziehen und wissen, was du überhaupt willst. Die häufigsten Gründe, warum eine Partnerschaft zerbricht, sind fehlende Kommunikation, nicht zufriedenstellender Sex, Geldsorgen oder unterschiedliche Vorstellungen vom Leben und unterschiedliche Ziele. Achte darauf, dass es entweder mit deinem Partner in jedem Bereich passt oder dass ihr eine Lösung findet, wie ihr manche der Bereiche anderweitig ergänzen könnt.

Das Ende einer sechsjährigen Beziehung

Für mich ging in diesem Jahr meine längste und bisher einzig wirklich ernstzunehmende Partnerschaft zu Ende. Ganz ohne großen Streit oder irgendeine Form von Rosenkrieg. Eigentlich war fast alles ok zwischen uns. Warum haben wir uns dann getrennt? Weil eben nur fast alles ok war. Es hat uns beide mehr Energie gekostet, uns auf eine gleiche Wellenlänge zu bringen und gemeinsam Zeit zu verbringen, als dass es uns Energie gegeben hat. Und das ist schließlich das Wichtigste an einer Partnerschaft. Ein Partner sollte dich immer wertschätzen und umgekehrt. Dein Zuhause soll ein Ruhepol sein und Energie spenden. Wenn du dich zuhause verstellen musst oder es Streit gibt, du dich rechtfertigen musst, dein Partner sich für dich laufend verstellen muss oder sonst etwas Vergleichbares, dann ist das ein enormer Energieaufwand. Wenn du also zu Hause jemanden hast, der nicht für dich da ist, dir keine Zärtlichkeiten gibt oder du dich „nur ein bisschen“ verstellen musst, dann ist das Ausbrennen vorprogrammiert. Die Energie ist hier der wichtigste Faktor, nachdem du entscheiden solltest, ob deine Partnerschaft in Takt ist oder ob du die Reißleine ziehst. Wenn du in der glücklichen Lage bist, dass sich dein Partner ebenfalls mit Persönlichkeitsentwicklung auseinandersetzt, dann habt ihr die Möglichkeit, daran zu arbeiten und im „schlimmsten Fall“ gemeinsam die Entscheidung zu treffen, die Partnerschaft zu beenden.

„Hoffentlich ist das keine falsche Entscheidung!“

Eine Partnerschaft zu beenden, die sich nicht mehr richtig anfühlt und für die ihr bereits gekämpft habt, kann nie eine falsche Entscheidung sein. Solltet ihr füreinander gemacht sein, dann führt euch das Leben eines Tages wieder zusammen, und es passt vollkommen. Sollte es nicht so sein, dann findet ihr beide einen passenderen Partner, mit dem ihr glücklich sein und ein erfülltes Leben verbringen könnt.

Jetzt ist der Moment der Wahrheit gekommen

Es gibt noch weitere Ereignisse im Leben, die verheerende Auswirkungen haben können. Was waren deine bisher schlimmsten Ereignisse in deinem Leben?

	Was ist passiert?	Wann?	Deine Reaktion
1.)	______	______	______
2.)	______	______	______
3.)	______	______	______
4.)	______	______	______
5.)	______	______	______
6.)	______	______	______
7.)	______	______	______
8.)	______	______	______
9.)	______	______	______
10.)	______	______	______

Es ist wichtig, sich vor Augen zu führen, was in einem Leben schon alles passiert ist und wie man damit umgegangen ist. Welche Gefühle sind bei der Übung hochgekommen? Wenn du weinen musst, dann lass es zu! Unterdrücke nicht deine Tränen und lass jedes Gefühl zu. Insbesondere auch als Mann ist es keine Stärke, seine Gefühle zu unterdrücken, sondern zeugt eher von Schwäche.

Wie gehst du mit Schicksalsschlägen um? Wie hast du es bisher gemacht, und was machst du ab heute? Gibt es ein erkennbares Muster in deinen zehn Punkten? Konkretisiere nochmal die Ereignisse und filtere die drei deftigsten heraus.

Was ist passiert?	Wann?	Deine Reaktion

1.) ______________________ ____________ __________________

2.) ______________________ ____________ __________________

3.) ______________________ ____________ __________________

Es wird jetzt immer klarer, wo dein Schmerz liegt und was du daraus für dich mitnehmen kannst. Bewegung entsteht meist durch Schmerz. Du kannst dich jetzt auf deine persönliche Opferstory fokussieren und dir selbst und anderen vorjammern, wie schlimm alles war und warum du deshalb heute nicht erfolgreich sein kannst, oder du machst das Gegenteil.

Dein Fazit: ____

Alles ist deine Entscheidung

Opfer haben in der Regel zwar mehrere Geschichten, die sie gerne erzählen, jedoch sticht meistens eine besonders hervor. Was ist bisher deine absolut schlimmste Erfahrung, die deine perfekte Opferstory sein könnte oder in der Vergangenheit vielleicht sogar war.

	Was ist passiert?	Wann?	Deine Reaktion
1.)	______________________	____________	__________________

Jetzt bist du am Kern, und du entscheidest, was du damit machst. Entweder du hast jetzt endlich die perfekte Ausrede formuliert, die du dein Leben lang gesucht hast, um alles entschuldbar zu machen und jegliches Versagen zu rechtfertigen. Du kannst das Buch jetzt weglegen, denn mit deiner schlimmen Geschichte lohnt es sich ohnehin nicht, sich weiterzubilden und an sich zu arbeiten. Alles ist viel zu schlimm, und keine Besserung ist in Sicht. Oder du hast jetzt endlich die perfekte Motivation formuliert, die du dein Leben lang gesucht hast, um endlich in Bewegung zu kommen und keine kleine Ausrede mehr als Rechtfertigung für Versagen nutzen zu können. Du hast schon einen solchen Schicksalsschlag überstanden, also kann dich nichts und niemand mehr aufhalten.

Es ist immer eine Frage der Perspektive. Du entscheidest.

Es scheint aussichtslos

Wenn du jetzt kurz vorm Verzweifeln bist und für dich aktuell unerklärlich scheint, wie du mit einer bestimmten Situation umgehen sollst, dann ist das ganz normal. Es gibt Themen, die scheinen aussichtslos, und du stehst kurz vor der Selbstaufgabe. So etwas kann dir passieren, egal wo du bereits stehst, was du bereits erreicht hast, wie weit du bereits entwickelt bist, wie viel Zeit und Geld du in dich investiert hast. Wichtig ist, wirklich unlösbar scheinende Herausforderungen erstmal zu parken und dich davon nicht runterziehen zu lassen. Schieb das Thema beiseite und bleibe im Hier und Jetzt. Manche Probleme lösen sich von selbst. Wenn du einen ruhigen Moment und etwas Distanz gewonnen hast, dann kannst du dich dem wieder widmen und nach einer Lösung suchen. Wichtig ist, dass du immer lösungsorientiert an alles herangehst. Es bringt nichts, sich wieder und wieder über ein Problem den Kopf zu zerbrechen. Wer ständig über Probleme nachdenkt, hat was? Probleme. Wer stattdessen über Lösungen nachdenkt, hat Lösungen. Du siehst also, es bringt nichts, dich an den Problemen zu orientieren.

Manchmal braucht's Unterstützung von außen dazu

Die positive Grundhaltung und das lösungsorientierte Denken sind nette Methoden, deren Umsetzung nicht immer ganz so leicht scheint. Am einfachsten ist, du holst dir Support von außen.

Ein Berater oder Coach, der neutral von außen auf dein Problem schaut, hat einen anderen Blickwinkel und sieht damit meist auch eher eine Lösung, die für dich gar nicht in Betracht kommt, da sie in deiner Welt nicht existiert und du sie nicht sehen kannst. Für mich ist es alles Geld der Welt wert, immer wieder jemanden an der Seite zu haben, der mir nur die richtigen Fragen stellt, um mich auf die Lösung zu bringen. Eine kleine Perspektivänderung bewirkt hier Wunder. Wenn du dich dazu entscheidest, dann achte immer darauf, dass es jemand ist, der zu deinem Thema auch Expertise besitzt und der weiß, was er tut. Ebenso sollte jeder gute Coach sich selbst permanent weiterbilden und entwickeln. Eine Stagnation schafft eine Limitierung der Perspektiven, und er wird dir weniger helfen können als jemand, der sich permanent entwickelt und selbst mit den Themen noch weiter beschäftigt. Wenn du nicht so hoch hinauswillst und keinen professionellen Coach an der Seite brauchst, dann frag zumindest Menschen aus deinem Umfeld, die reflektierte Antworten geben und wirklich zu deinem Wohl handeln, um Rat. Hier ist allerdings allerhöchste Vorsicht geboten, da es so gut wie niemanden gibt, der diese Bedingungen erfüllt.

Was ist dein größtes Learning aus diesem Kapitel? Was setzt du für dich um?

Dein Goldnugget:

Der Erfolg und seine Folgen

Wenn du deinen Weg gehst und dich in jeglicher Hinsicht auf den Erfolgsweg begibst, dann muss dir bewusst sein, was die Folgen sind. Es gibt verschiedene Phasen, die du selbst durchläufst und es gibt auch viele Phasen, die dein Umfeld durchläuft. Es gibt einen wunderschönen Spruch von Mahatma Ghandi dazu:

**„Zuerst ignorieren sie dich,
dann lachen sie über dich,
dann bekämpfen sie dich,
und dann gewinnst du."**

Je weiter du vorankommst, desto härter wird es. Erst wenn du am Ziel angekommen bist, bekommst du Wertschätzung für dein Lebenswerk. Doch selbst dort gibt es Menschen, die nicht gut finden was du machst, wie du es machst, warum du es machst, wer du bist und so weiter und so fort. Jeder Mensch hat Hater. Je offener du dich zeigst und je klarer du bist, desto mehr werden es. Wieso also verstellen, wenn du ohnehin nicht drum herumkommst? Selbst Biene Maja und Pumuckl haben Hater, und die tun ja wohl keiner Fliege was zu Leide!

Wie du weißt, dass du auf dem richtigen Weg bist

Wenn du deinen eigenen Weg gehst und du merkst, dass auch Ergebnisse kommen, dann bist du definitiv auf dem richtigen Weg. Es gibt noch ein klareres Indiz als Ergebnisse, da dies meist vorgelagert kommt. In dem Moment, in dem du merkst, dass du Gegenwind von deinem aktuellen Umfeld bekommst, dein Umfeld in verschiedenen Lebensbereichen nicht dort ist, wo du sein willst, sondern eher ein durchschnittliches Leben anstrebt und der Gegenwind immer stärker wird, in dem Moment weißt du, dass du richtig bist. Wenn du andere Ergebnisse als der Durchschnitt willst, dann ist es völlig normal, dass das Verhalten, das dich dort hinführt, andere abschreckt. Es ist schließlich nicht ihr Verhalten und verängstigt sie entweder oder es zeigt ihnen auf, dass sie selbst gerne mehr wollen würden, sich aber nicht trauen und beschämt sie somit. In jedem Fall wirst du früher oder später Gegenwind bekommen, außer dein Umfeld ist sehr reflektiert, wertschätzend, verständnisvoll und/oder erfolgreich. Auch ich habe besonders in diesem Jahr sehr viel Gegenwind dafür, dass ich den Weg gehe, den ich will und außerhalb der Norm lebe. Das war nicht immer leicht, aber dank der Unterstützung meines Coaches, meiner Supporter, meiner Kunden und meiner Fans konnte ich schnell darüber hinwegkommen und gestärkt daraus hervorgehen.

Alle anderen wissen es besser

Oft ist es so, dass dein Umfeld dich belehren will und meint, dir wertvolle Tipps auf deinem Weg geben zu können. Es ist immens wichtig, darauf zu achten, auf wen du hier hörst und von wem du einen gut gemeinten Rat annimmst. Ist die Person erfolgreich, in dem Bereich, in den du möchtest, oder lässt sich ihr Erfolg adaptieren? Handelt sie in deinem Sinne oder egoistisch? Eltern zum Beispiel erfüllen meist beide Punkte nicht. Meist sind Eltern nicht erfolgreich in der Hinsicht, dass sie deinen Weg schon gegangen sind oder auch nur einen Hauch einer Ahnung davon haben. Außerdem handeln sie oft mit ihren Empfehlungen nicht in deinem Sinne, sondern im Sinne ihrer Ängste, was in der Regel absolut nicht dasselbe ist. Sei also absolut vorsichtig, wer in deinem Leben zu welchem Thema Sprechberechtigung hat.

Ich bin auch schon oft in diese Falle getappt und habe Tipps von Menschen angenommen, die augenscheinlich deutlich erfolgreicher waren als ich, dieses Kriterium also erfüllt haben. Gleichzeitig konnten sie das Kriterium der Absicht allerdings nicht erfüllen, da sie aus purer Angst heraus gehandelt haben und nicht den Blick auf die Dinge hatten wie ich. Sie waren zwar teilweise erfolgreich, allerdings in einem anderen Bereich und mit einem eingeschränkten Blick, sodass die Empfehlungen nicht übertragbar sind und daraus kein Mehrwert, sondern einzig und allein Zweifel geschaffen wurden.

Plötzlich andere Ergebnisse

In dem Moment, in dem du das erkennst und dir Ratschläge nur von Menschen holst, die auch eine berechtigte Sprechberechtigung in deinem Leben und zu dem Thema haben, hast du ganz andere Ergebnisse. Ob finanziell, was sehr leicht messbar und sehr konkret ist, oder auch emotional, körperlich oder kommunikativ. Und was zählt am Ende unter dem Strich? Es zählen unterm Strich immer die Ergebnisse. Welche Emotion hast du am Ende? Wie vielen Menschen hast du geholfen? Wie viel Geld hast du verdient? Wie viel Kilo bringst du auf die Waage? Wie ist dein Bauchumfang? Was erreichen deine Kunden? Auf diese Faktoren kommt es am Ende des Tages an. Ob du in der Zwischenzeit sonst was gemacht hast, ist nett. Wenn die gewünschten Ergebnisse jedoch immer ausbleiben, dann bringt es dir und vor allem auch anderen recht wenig bis nichts. Bei mir haben sich die Ergebnisse schlagartig verändert, nachdem ich mehr in mich investiert habe und mir meine beiden Coaches an die Seite geholt habe. Ob du es glaubst oder nicht, dadurch haben sich von jetzt auf gleich meine Umsätze vervierfacht. Ebenso sind meine mentalen Leistungen gestiegen, meine Entwicklung ist so rasant nach oben gegangen, dass mein Körper teilweise noch nicht darauf klargekommen ist, und andere Ergebnisse sind so schnell gekommen, dass mein Geist Schwierigkeiten hatte, nachzukommen. Genau dasselbe berichten auch immer wieder Kunden, die durch eine einfache Entscheidung, in sich zu investieren, schlagartig Veränderungen in jedem Lebensbereich feststellen. Selbstverständlich gibt es dafür auch verschiedene rational erklärbare Gründe.

Commitment

Ohne ein klares Commitment an dich selbst und an die Welt ist keine wirkliche Veränderung möglich. Deshalb ist es auch so wichtig, immer wieder ein klares Commitment zu formulieren und zu kommunizieren. Unheimlich machtvoll und hilfreich ist auch die Verschriftlichung. Schreibe hier zehn Commitments auf, was du tust und bis wann du es tust.

	Commitment	Bis wann?
1.)	______________________________	____________
2.)	______________________________	____________
3.)	______________________________	____________
4.)	______________________________	____________
5.)	______________________________	____________
6.)	______________________________	____________
7.)	______________________________	____________
8.)	______________________________	____________
9.)	______________________________	____________
10.)	______________________________	____________

Für deinen weiteren Erfolg ist das einer der wichtigsten Schritte aus diesem Buch. Du kannst sehr stolz auf dich sein, dir diese Commitments gesetzt zu haben. Jetzt gilt es, sie einzuhalten.

Einer meiner Coachees hat 2018 ein Buch von Tony Robbins gelesen, in dem zehn To Do's fürs nächste Jahr standen. Er hatte schon mal von mir gehört, kannte mich aber nicht wirklich, und wie aus dem Nichts hat er plötzlich aufgeschrieben *„Tibor* *kontaktieren"*. Du kannst dir nicht vorstellen, was das mit mir gemacht hat, als er mir das erzählt hat. Ich hatte Tränen in den Augen und musste lachen vor Freude. Er hat es mir erst erzählt, nachdem wir schon ein halbes Jahr zusammengearbeitet und er massive Ergebnisse erzielt hatte. Das hat es für mich noch besonderer gemacht. Was kannst du daraus für dich mitnehmen? Einmal, dass es eine gigantische Macht für die Umsetzung hat, wenn du Dinge aufschreibst, des Weiteren, wie wichtig es ist, die Dinge auch umzusetzen und für mich das Wichtigste:

„Wertschätzung und Dankbarkeit lösen in anderen Menschen und in dir selbst pures Glück aus."

Gehe immer wieder Commitments ein und sei dankbar für jede Chance, die sich dir bietet. Du bist dafür verantwortlich, Chancen zu erkennen und sie zu nutzen. Lass sie niemals verstreichen. Auch ich gehe immer wieder neue Commitments ein. So habe ich mich dieses Jahr entschieden, weitere große Summen in mich zu investieren und immer weiter zu wachsen. Hierbei ist auch entscheidend, wie du dich committest. Gehst du halbherzige, kleine Commitments ein, so wirst du auch halbherzigen Erfolg haben.

„Gehst du All-In bekommst du auch All-Out."

Nimm dir den Satz mit und gehe immer große Commitments ein, wenn du große Ergebnisse erzielen möchtest.

Absolutes Urvertrauen

Große Entscheidungen und vor allem große Investitionen werden häufig aus demselben Grund nicht getätigt. Fehlendes Vertrauen in eine Sache lässt uns zweifeln und bringt uns vom Handeln ab. Am gravierendsten ist es, wenn das Vertrauen in dich selbst fehlt. Wenn du jetzt in tiefste Traurigkeit verfällst und schon damit abgeschlossen hast, dass du dann ja nie erfolgreich werden kannst, dann kann ich dich beruhigen. Du bist nicht allein. Die meisten Menschen vertrauen sich nicht selbst und haben daher ein geringes Selbstvertrauen. Deshalb ist es umso wichtiger, dass du zu Beginn jemanden hast, der an dich glaubt. Es gibt Ziele in meinem Leben, die ich selbst auch noch für unmöglich halte und deren Erreichung so weit weg ist, dass es mir Angst macht. Ohne jemanden an meiner Seite, der immer an mich glaubt und mir Mut zuspricht, wäre das nicht so ohne weiteres möglich und ich hätte möglicherweise schon auf dem Weg aufgegeben. Jeder Mensch hat seine Zweifel. Je stärker jemand an dich glaubt und je öfter du seinen Glauben erfüllst, indem du wirklich All-In gehst, desto fester wird auch dein Vertrauen, und mit der Zeit entwickelst du ein gigantisches Urvertrauen. Ein Urvertrauen in dich, das Leben und die Prozesse, die sich tagtäglich abspielen. Ohne dieses Vertrauen ist es nicht möglich, dass du wirklich erfolgreich wirst und dein volles Potenzial auslebst.

Offenheit und Kommunikation sind unglaublich wichtig

Um in dieses Vertrauen zu kommen und dein Potenzial zu finden und zu leben, ist es unerlässlich, dass du darüber sprichst, was dich bewegt und was in deinem Kopf vor sich geht.

„Nur sprechenden Menschen kann geholfen werden."

Die meisten Missverständnisse entstehen aus mangelhafter Kommunikation heraus. Daher ist es so wichtig, dass du mit deinem Umfeld offen kommunizierst. Besonders wichtig wird es in jeglicher Art der Partnerschaft – ob Liebesbeziehung oder Geschäftspartnerschaft. Auch in echten Freundschaften ist offene Kommunikation über Interessen, Vorlieben, Abneigungen, Wünsche, Ziele und Gefühle ein absolutes Muss. Die wichtigste Person, zu der du immer offen und ehrlich sein solltest, ist die, mit der du – komme was da wolle – dein restliches Leben verbringen musst. Nein, es ist nicht deine Schwiegermutter, sondern du. Frage dich, wie du mit dir und anderen umgehst? Bist du immer ehrlich? Bist du immer offen? Sprichst du über Gefühle? Bist du klar in deiner Kommunikation? Weißt du, was du willst?

Dein Fazit: ____

Wenn du open minded bist, öffnen sich dir neue Wege

In Gesprächen kommt immer wieder raus, dass die Sicht auf die Dinge sehr eingeschränkt ist. Wir bekommen von der Gesellschaft gewisse Verhaltensmuster vorgelebt, die wir als richtig annehmen und alles andere schnell verurteilen. Wie lebst du in deiner Partnerschaft? Ist es eine monogame Partnerschaft, wie es dir die Gesellschaft vorschreibt? Hast du eine offene Beziehung oder bist du gar polygam? Bist du heterosexuell und wenn ja, wie offen bist du gegenüber anderen Vorlieben? Wie denkst du über verschiedene Unternehmenssysteme? Ist das klassische Unternehmen mit Vorstand, Top Management, Higher Management, Lower Management, blablabla … und dann erst der Mitarbeiter das einzig Wahre und alles andere ist ein Schneeballsystem oder funktioniert sowieso nicht? Achte darauf, dass du mit offenen Augen und einer offenen Art durch die Welt gehst. Das heißt nicht, dass du alles gutheißen sollst, sondern dass du alles offen betrachtest. Auch politisch gesehen gibt es viele Richtungen, die von Grund auf abgelehnt werden. Ich werde mich hüten, hier politische Statements abzugeben, irgendetwas schön oder schlecht zu reden oder gar irgendwelche Empfehlungen abzugeben. Nimm das einfach als Denkanstoß mit, immer auch über die andere Seite nachzudenken und was die wirklichen Beweggründe der Personen sind. Oft handeln Menschen gerade bei politischen Themen aus Angst und Unzufriedenheit heraus. Mit mehr gegenseitigem Verständnis und dem Drang, Gutes zu tun, wäre unsere Welt ein noch viel schönerer Ort.

Was sind Situationen oder Themen, für die du in der Vergangenheit kein Verständnis gezeigt und bei denen du schnell geurteilt hast, ohne dich in den anderen hineinzuversetzen?

	Situation/Thema	Warum?	Wann?
1.)	______________________	__________________	__________
2.)	______________________	__________________	__________
3.)	______________________	__________________	__________
4.)	______________________	__________________	__________
5.)	______________________	__________________	__________
6.)	______________________	__________________	__________
7.)	______________________	__________________	__________
8.)	______________________	__________________	__________
9.)	______________________	__________________	__________
10.)	______________________	__________________	__________

Was macht das mit dir, dich daran zu erinnern, wo du bisher keinen offenen Geist hattest? Es ist nicht schlimm, im Gegenteil. Es ist der erste Schritt, diese Erkenntnis zu haben. Hier geht es auch gar nicht darum, alles zu ändern und überall deine Meinung aufzugeben. Es geht vielmehr darum zu analysieren, warum du so denkst und ob das wirklich deine Vorlieben, Wünsche und Gedanken sind oder ob du nur das angenommen hast, was dir vorgelebt wurde. Gerade im Bereich Sexualität kenne ich so viele Menschen, die gerne neue Dinge mit ihrem Partner ausprobieren wollen würden, eine andere Person mit dazu holen oder gänzlich mit anderen Personen ihre Erlebnisse haben wollen würden, wenn da nicht diese verankerten Normen wären und dem eigenen Partner, ohne zu fragen, Unverständnis dafür unterstellt wird.

Erfolg ist eine Entscheidung

Ob im Beziehungsleben oder im Business, es ist immer deine Entscheidung, wie du an die Sache rangehst und was du daraus machst. Somit liegt der Erfolg deiner Sache in deinen Händen, und du trägst die volle Verantwortung. Ob dir das gefällt oder nicht, so ist es. Natürlich kannst du gerade in einer Partnerschaft nicht für die andere Person mitentscheiden. Du kannst dich jedoch für dich und für dein Glück entscheiden und wenn die andere Person den Weg gemeinsam mit dir gehen will, dann ist es schön. Wenn nicht, dann ist es für euch beide auch deutlich besser, als dass du deinem Partner keine wirkliche Liebe und keine herausragende Partnerschaft bieten kannst. Um zu deinem wahren Kern zu kommen, ist es also wieder entscheidend, dass du die Zügel in die Hand nimmst und dir klar machst, was du willst.

Schaue dir die Themen an, die du vorher bereits aufgeschrieben hast und notiere die drei davon, die du für dich am liebsten ändern und neu betrachten möchtest.

Situation/Thema

1.) ____

2.) ____

3.) ____

Was ein Quantensprung in Richtung Erfolg in jeglicher Hinsicht! Du öffnest deinen Geist und kannst künftig ganz andere Möglichkeiten und Perspektiven wahrnehmen. Wenn du dich voll und ganz darauf einlässt, schafft das eine neue Welt, die du so noch nicht erlebt hast. Nun überlege dir, welches der drei den für dich größten Impact (Einfluss) auf deine aktuelle Situation hat. Welche Änderung hat die massivste Auswirkung auf dein heutiges Leben und vor allem auf das von morgen.

Situation/Thema

1.) ____

Damit beginnst du. Diese Veränderung implementierst du in dein Leben und verinnerlichst sie in Gänze. Sobald du das getan hast, folgen die anderen fast von allein.

Immer wieder neue Ziele setzen

Die Wichtigkeit von Zielen für den Erfolgsweg ist omnipräsent. Jedes Buch, jeder Podcast, jede Videoreihe und die Hälfte aller Instagram Posts drehen sich um Ziele. Es ist jedoch nicht nur wichtig, sich große Ziele zu setzen und diese hartnäckig zu verfolgen, sondern du hast auf dem Weg zum Erfolg die Pflicht, diese Ziele immer wieder zu kontrollieren, neu zu justieren und vor allem, dir, noch bevor du ein Ziel vollkommen erreicht hast, neue Ziele zu setzen. Andernfalls fällst du in ein Loch, welches oft in Depressionen und sogar stellenweise in Selbstmord endet. Viele erfolgreiche Menschen vergessen das, und wenn sie an ihrem großen Ziel angekommen sind, spüren sie eine tiefe innere Leere. Das darf dir niemals passieren. Setze dir Ziele und gehe diese rechtzeitig immer wieder durch. Du brauchst immer wieder neues Material für deinen Geist, sodass du einen Antrieb hast, das Bett zu verlassen und dein Ding durchzuziehen. Für viele ist der einzige Antrieb, unter der Woche das Bett zu verlassen, dass sie zur Arbeit müssen. Zur Arbeit wiederum gehen sie nur, da sie sonst nichts zu essen hätten, sich keine Urlaube leisten könnten und ihre alten Schulfreunde oder die Kumpels aus dem Golfclub sie verstoßen könnten, wenn sie keinen angesehenen Job mehr haben. Geld und Status sind also die großen Antriebe für die meisten. Oft ausgerechnet für die Menschen, die sagen „Geld ist nicht wichtig." Paradox, oder?! Deshalb schau, dass du immer genügend Geld hast und das nicht der Antrieb ist. Sobald du das erreichst, brauchst du einen anderen Antrieb. *Finanzielle Freiheit,* nach der komischerweise alle streben, kann also auch ein echter Fluch sein, wenn du kein Ziel mehr hast und dadurch in Langeweile ausbrennst. Ziele stiften Sinn und damit Lebensfreude und Energie.

Dein Fazit: ____

Lass dir von niemandem reinreden, auch nicht von dir

Wenn du dir jetzt also Ziele gesetzt und dich auf den Weg

gemacht hast, dann ist alles gut, oder? Kennst du so Momente, in denen du dir selbst Dinge, die du eigentlich machen wolltest, schlecht redest? Du wolltest auch ein Buch schreiben und eine Geschichte erzählen, bis das große innerliche Gerede kommt.

„Wie soll das denn funktionieren? Wieso soll ausgerechnet ich ein Buch schreiben können? Ich habe doch gar nichts zu erzählen. Niemand will das lesen."

Lauter Gejammer. Es muss sich hierbei nicht ums Buchschreiben handeln. Das steht auch sinnbildlich für alle anderen Träume, die du hast, die du dir aber Tag für Tag selbst wieder ausredest. Mach das nicht. Es gibt schon genug andere Leute, die das für dich übernehmen und dir permanent ins Wort fallen, deine Träume zerplatzen und dein Wunschleben in der Luft zerreißen. Die Gesellschaft wird im System dazu erzogen, brav den normalen Weg zu gehen. Wenn jemand aus der Reihe tanzt, dann muss man ihn doch wieder einfangen! So einfach ist es. Also mach dir nichts draus, wenn andere dir reinreden wollen und sieh es als Kompliment, dass du einen anderen Weg gehst. Einen Weg, den viele nicht verstehen.

Du kennst jetzt also die Folgen, die der Erfolgsweg für dich bereithält. Was ist deine Top Erkenntnis, und wie kannst du das für dein Leben ab heute nutzen?

Dein Goldnugget:

___

Dein Umgang mit deiner Angst bestimmt dein Handeln

Angst ist etwas, das schon immer existiert und das seinen Ursprung im Ursprung der Welt findet. Angst ist etwas Gutes und eine der wundervollsten Tugenden, die es gibt, entsteht aus der Angst. Ohne Angst zu haben, bist du ein kalter Brocken, der einfach stumpf durchs Leben geht und kein richtiges Gefühl hat, der jeden Moment einfach sterben könnte, weil er, ohne zu schauen, über die Straße läuft, die Klippe herunterspringt oder aus dem Fenster statt der Tür geht. Keine Angst zu haben, ist unmenschlich. Du kannst nicht mutig sein, ohne Angst zu haben. Mut ist nicht das einfache Gegenteil von Angst, sondern er entsteht aus ihr. Mut wird aus der Angst geboren. Ebenso kannst auch du deine Angst nutzen, um Mut zu gebären und als Gewinner in die Welt hinauszutreten.

Die Schockstarre

Es ist immer wieder erstaunlich zu sehen, wie uns Ängste blockieren können und welche Reaktionen sie hervorrufen. Welche Momente hattest du, in denen deine Angst dich zurückgehalten hat, etwas zu tun, das du eigentlich tun wolltest und im Nachhinein hat sich deine Angst als unbegründet herausgestellt?

	Dein Angstmoment	Was war die Folge?	Warum Angst?
1.)	____________________	____________________	______________
2.)	____________________	____________________	______________
3.)	____________________	____________________	______________
4.)	____________________	____________________	______________

5.) ____________________ ____________________ ______________

6.) ____________________ ____________________ ______________

7.) ____________________ ____________________ ______________

8.) ____________________ ____________________ ______________

9.) ____________________ ____________________ ______________

10.) ___________________ ____________________ ______________

Erstaunlich, was du alles nur aus Angst nicht gemacht hast. Wie fühlt sich das an? Ist ein Ereignis dabei, auf das du heute noch schmerzlich zurückschaust? In meinem Leben gab es hier einige Momente, auf die ich kopfschüttelnd zurückschaue und mich wundere, dass ich aus reiner Angst so gehandelt habe. Ich bereue es nicht, da es seinen Teil dazu beigetragen hat, dass ich heute der bin, der ich bin und dieses Buch schreiben kann. Ebenso solltest auch du keine dieser Situationen bereuen und dir den Kopf darüber zerbrechen. Transformiere stattdessen diese Energie, sodass deine zukünftigen Angstmomente in ein anderes Licht rücken. Schreibe dir die intensivsten Momente heraus, die dich im Nachhinein am stärksten den Kopf schütteln lassen.

Dein Angstmoment Was war die Folge? Warum Angst?

1.) ____________________ ____________________ ______________

2.) ____________________ ____________________ ______________

3.) ____________________ ____________________ ______________

In Zukunft wirst du auf deine Ängste anders reagieren. Ab heute hast du einen starken Anker, der dich aus jeder Schockstarre herausholen kann. Versetze dich immer, wenn du Angst hast, in den Moment, als du eben diese alten Momente hast Revue passieren lassen. Welche Emotionen hattest du dabei? So etwas darf dir nie wieder passieren, oder? Damit du die absolute Verankerung und den maximalen Energieschub hast, schreibst du dir jetzt nochmal deine im Nachhinein folgenschwerste Schockstarre auf.

	Dein Angstmoment	Was war die Folge?	Warum Angst?
1.)	____________________	____________________	______________

Jetzt hast du deinen Moment! Deinen Anker, um jede Angst leichter überwinden zu können. Damit kannst du mit einem anderen Drive durchs Leben gehen und mit Vollgas voranschreiten.

Die Urängste sind ein Auslöser der Angst

Ängste sind in der heutigen Zeit in den allermeisten Fällen völlig unbegründet. Da Ängste uns schon so lange begleiten und schon aus der Urzeit stammen, laufen auch Programme aus der Steinzeit ab - die sogenannte Steinzeitsoftware. Vor was hatten unsere Urahnen Angst? Auf meinen Seminaren ist die erste Antwort in der Regel immer der Tod. Und das ist tatsächlich auch das Endresultat.

In der Urzeit gab es drei gravierende Ängste, die als Urängste in unseren Köpfen weiterhin Bestand haben.

- Angst vor Ablehnung
- Angst vor Misserfolg
- Angst vor Erschöpfung

Diese drei ständigen Begleiter rufen in uns drei mögliche Reaktionen hervor, die typ- und situationsabhängig auftreten können.

- Kampf
- Flucht
- Totstellen

Vielleicht kommt dir das aus deinem eigenen Verhalten bekannt vor. In Partnerschaften lassen sich die Reaktionen besonders schön beschreiben. Stell dir einen Streit zwischen dir und deinem Partner oder fiktiven Partner vor. Dein Partner wirft dir vor, dass du schon wieder nicht den Müll rausgebracht hast und du deshalb die nächsten 12 Jahre keine Zärtlichkeiten bekommen wirst. Jetzt hast du die drei oben benannten Möglichkeiten.

Szenario 1: *Lasst die Kämpfe beginnen!*
Du lässt dir das nicht gefallen und gehst eine hitzige Diskussion ein, bei der du deinem Partner nun vorwirfst, dass er die letzten 8 Wochen und 4 Tage nur 3 Mal die Spülmaschine ausgeräumt hat. Jetzt geht's rund. Ein Gladiatorenkampf mit Vollausrüstung auf Leben und Tod beginnt. Scheidung, Trennung oder jahrelanger Verzicht auf Nähe ist vorprogrammiert.

Szenario 2: *Wo ist meine Mama?*
Du rennst aus dem Raum und verziehst dich im Schlafzimmer unter der Decke. Dort kommst du nur raus, wenn du auf Toilette musst, dein Hungergefühl dich zwingt oder dir die Taschentücher ausgehen. Blöd wird es nur, wenn der Streit im Schlafzimmer stattgefunden hat oder ihr in einer 1-Zimmer-Wohnung wohnt. Dann bleibt dir nur übrig, entweder die Wohnung zu verlassen oder die Miniflucht anzutreten und dich wegzudrehen.

Szenario3: *Wenn ich mich nicht bewege, sieht man mich nicht*
Du reagierst nicht. Nada. Du machst gar nichts. Dein Mund bleibt verschlossen, du bewegst dich keinen Millimeter und es passiert einfach nichts. Wenn dein Partner geduldig ist, dann werden jetzt Sekunden zu Minuten und Minuten zu Stunden. Andernfalls wird dein Partner lauter oder sogar handgreiflich, denn du bist eben doch kein totes Stück Fleisch, an dem dein Raubtierpartner das Interesse verliert.

Du siehst, alle drei Szenarien sind so mehr oder weniger realistisch und in ähnlicher Form alltäglich. Die Frage ist, welche Reaktion ist in welcher Situation und in welcher Intensität angebracht? Und gibt es andere Möglichkeiten zu reagieren? Geht es um Leben und Tod?

Dein Fazit: ____

Angst vor Ablehnung

Wie oft ist es dir schon passiert, dass du etwas nicht gemacht hast, da du Angst hattest, dass andere Menschen dich dafür verstoßen könnten? Soll ich dir ein Geheimnis verraten? Weil du bis hierher schon so interessiert gelesen hast, verrate ich dir gleich zwei! Du bist nicht allein! Alle Menschen haben mehr oder weniger starke Angst davor, abgelehnt zu werden. Verrückt, oder? Nicht nur sogar, sondern insbesondere Weltstars haben oft große Verlustängste und Angst, von ihrem Umfeld abgelehnt zu werden. Das zweite Geheimnis ist, dass deine Angst völliger Nonsens ist. *„Hat er das hier wirklich geschrieben und meine Ängste klein geredet?!“* Gewissermaßen ja. Du wirst sowieso abgelehnt. Das kannst du gar nicht vermeiden. Diese Erkenntnis war eine der am meisten befreienden Erkenntnisse meines Lebens. Du wirst ohnehin abgelehnt. Immer wieder. Die zwei Fragen, die sich stellen, sind, von wem und für was du abgelehnt wirst. Wirst du für kleine oder für große Ergebnisse abgelehnt? Wirst du von Menschen abgelehnt, die dort sind, wo du gerade bist, von dort, wo du hinwillst oder – wenn du aktuell zufrieden bist – von denen, die dort sind, wo du nicht hinwillst? In der Urzeit hat Ablehnung bedeutet, dass du von deinem Stamm verstoßen allein durch die Welt tingelst und dort schneller als du denkst – ZACK – von einem Säbelzahntiger verspeist wirst.

Angst vor Misserfolg

Die witzigste und gleichzeitig traurigste Urangst ist die Angst vor Misserfolg. Aus Angst, es nicht zu schaffen, versuche ich es gar nicht. Bescheuert, wenn man es so liest, oder? Dennoch passiert es tagtäglich, dass Leute genau so handeln. Mir ging das schon oft ähnlich, dass ich etwas aus Angst vor einem Misserfolg und einem Nein gar nicht erst versucht habe. Vor allem bei Frauen war das ein leidiges Thema bei mir. Ich habe mich lange nicht getraut, Frauen anzusprechen, weil ich schon im Vorfeld Angst hatte, ich könnte ihre Erwartungen nicht erfüllen. Spannende Annahme, oder? Auch das kommt aus der Säbelzahntigerproblematik der Urzeit. Wenn du dich auf einen Kampf mit dem Säbelzahntiger eingelassen und versagt hast, dann warst du ebenfalls tot. Kein schönes Ende eines Kampfversuches. Also lassen wir es lieber und versuchen es gar nicht, richtig? Stell dir bei der Angst vor einem möglichen Misserfolg immer die Frage, was denn die Konsequenz wäre. Meistens ist es völlig banal und steht in keiner Relation zum möglichen Gewinn bei Erfolg.

Angst vor Erschöpfung

Wenn du schon mal Sport gemacht hast, dann kennst du diesen Moment, wenn du einfach erschöpft bist und nicht mehr kannst, richtig? Tatsächlich kennen die meisten Menschen den nicht. Keine Ahnung, ob du schon mal so weit gegangen bist, aber solange du kein Profisportler bist, ist es unwahrscheinlich, dass du schon einmal wirklich an deine Grenzen gestoßen bist. Hast du schon mal einen Gewichtheber bei einem Weltrekordversuch gesehen? Das ist ans Limit gehen. Das ist Erschöpfung. Die Anwärter in der Kategorie Kreuzheben stehen da, haben teilweise 500 kg vor sich liegen und heben diese mit aller Kraft an. Es steht ein Ärzte-Team bereit, denn viele kippen danach einfach um oder sind kurz vor der Bewusstlosigkeit. Wir haben als Menschen in der Regel größte Angst davor, so an unser Limit zu gehen, da wir Angst haben, was passiert, wenn wir erschöpft sind. Im Sportbereich ist das einfach zu veranschaulichen. Auch ich habe bereits eine solche Erfahrung gemacht, bei der ich innerhalb einer Woche – nachdem ich bereits einige Jahre im Training war – in Folge eines Persönlichkeitsentwicklungsseminars meine Leistung bei einer speziellen Übung um ca. 30 Prozent gesteigert habe. Und ich bin mir sogar sehr sicher, dass noch einiges mehr ginge. Die Limitationen entstehen nur im Kopf.

Genauso lässt sich die Angst auch auf alle anderen Bereiche übertragen. Ob beim Sex, der Pflege der Partnerschaft, der Ausführung unserer Arbeit, handwerklichen Tätigkeiten oder auch beim Buchschreiben. Oft hören wir aus Angst vor Erschöpfung viel zu früh auf, holen nicht unser volles Potenzial raus und kommen deshalb nicht ans gewünschte Ergebnis. Nutze dein Potenzial und lass dich nicht von der Angst vor Erschöpfung zurückhalten.

Deine größte Angst

Ängste im Allgemeinen zu analysieren, hilft, sie zu verstehen. Wirklich spannend wird es jedoch, wenn wir uns unsere individuellen Ängste anschauen. Was ist das, was uns ganz spezifisch wirklich zurückhält? Wovor schrecken wir zurück, und was beeinflusst uns so stark, dass wir in die Schockstarre verfallen? Was ist es bei dir? Du hast dich vor einigen Seiten bereits mit vergangenen Ängsten und deren Auswirkungen beschäftigt. Jetzt schauen wir uns gemeinsam die Gegenwart an. Wovor hast du konkret Angst? Schreib deine größten aktuellen Ängste auf, die du hast.

1.) ______________________________

2.) ______________________________

3.) ______________________________

4.) ______________________________

5.) ______________________________

6.) ______________________________

7.) ______________________________

8.) ______________________________

9.) ______________________________

10.) ______________________________

Sehr gut gemacht. Es ist wichtig, sich das immer wieder vor Augen zu führen. Wir Menschen sind höchst individuell, und jeder von uns hat einen anderen Fokus. Wenn du Kinder bekommst, kann es sein, dass sich deine Ängste verändern und verschieben. Ebenso, wenn du bereits Menschen aus deinem engsten Umfeld verloren hast. Wenn du einen sicheren Job aufgegeben oder das vorhast. Jedes Ereignis im Leben schlägt mehr oder weniger große oder kleine Wellen.

Mach dir bewusst, welches deine größten Ängste sind und spezifiziere hierzu deine bisher aufgeführten Ängste noch genauer.

	Deine Angst	Warum?
1.)	______________________________	____________________
2.)	______________________________	____________________
3.)	______________________________	____________________

Warum hast du Angst davor? Was ist das Schlimmste, was dir passieren kann? Bei der Angst vor dem Tod bist du tot. Das ist tragisch. Vor allem, wenn du eigentlich noch so viel machen wolltest, aber stattdessen nur Netflix geschaut hast. Dann ist es noch tragischer. Vor was hast du die meiste Angst? Was ist das, was dich persönlich erschaudern lässt, wenn du daran denkst?

	Deine Angst	Warum?
1.)	______________________________	____________________

Jetzt sind wir wieder am Kern angelangt. Deine größte Angst, die du hast, steht jetzt hier. Das ist ein wahrlicher Meilenstein auf dem Weg zu deinem vollen Potenzial und deinem entscheidenden Leben. Bevor du jetzt denkst *„Toll, jetzt hänge ich hier in meiner Angst fest"*, lies weiter und schaue dir die Lösungen an.

Dein Fazit: ____

Ängste mit Blick auf die fünf Grundbedürfnisse

Vielleicht hast du schon mal von der Maslow'schen Bedürfnispyramide gehört. Sie gliedert die menschlichen Bedürfnisse in fünf Ebenen ein.

Hinter den physiologischen Bedürfnissen steckt so etwas wie essen, trinken, atmen, schlafen und Sex. Das sind alles Dinge, die wir zum unmittelbaren, körperlichen Überleben mehr oder

weniger benötigen.
Weiter geht es mit den Sicherheitsbedürfnissen, die den Schutz unseres körperlichen Wohles betreffen und sich durch dein Dach über dem Kopf, eine abschließbare Tür oder ein festes Einkommen manifestieren.

Die sozialen Bedürfnisse richten sich auf Freundschaften, einen festen Partner, Liebe und Zuneigung.
Bei den Individualbedürfnissen geht es hauptsächlich um die Anerkennung, die wir uns wünschen und dass wir etwas zu sagen haben in unserem Umfeld und gegebenenfalls sogar in der Gesellschaft.

Zuletzt kommt auf höchster Ebene die Selbstverwirklichung, welche die wahre Entfaltung der eigenen Persönlichkeit und des Potenzials beinhaltet.

Warum gehen wir so tief auf diese fünf Ebenen ein? Vielleicht ist dir beim Lesen schon aufgefallen, dass die untersten drei Ebenen in Deutschland mehr oder weniger sichergestellt sind, solange du keine Verbrechen begehst, drogenabhängig oder psychisch krank bist und dich dagegen wehrst, aufgenommen zu werden. In Deutschland muss niemand, der nicht möchte, auf der Straße leben, hungern und auf den geliebten Fernseher verzichten, der übrigens in der Bedürfnispyramide dringend ergänzt werden sollte. Und wovor haben wir meistens am meisten Angst? Dass wir uns nicht selbst verwirklichen? Mit Sicherheit nicht. Zumindest nicht die Masse in Deutschland. Dass wir nicht ausreichend Anerkennung und Macht bekommen? Vielleicht ein paar vereinzelte mehr. Die meisten Ängste, die uns eben davon abhalten, uns selbst zu verwirklichen und unser Potenzial zu nutzen, liegen in den unteren drei Ebenen, die in Deutschland ohnehin gesichert sind. So einfach ist es. Für mich war diese Erkenntnis bahnbrechend, da sie mir aufgezeigt hat, wie idiotisch die meisten meiner Ängste waren und dass ich sie ganz einfach auflösen kann. Kann es sein, dass die meisten deiner Ängste sich auch hier abspielen und sie in Deutschland eigentlich keinen großen Bestand haben?

Dein Fazit: ____

Bist du Opfer oder Täter?

Du hast es in der Hand. Es ist wie immer eine Entscheidung. Lässt du dich von deinen Ängsten runterziehen und ausbremsen? Lässt du dich in die Ecke drängen, oder zeigst du deinen Ängsten den Mittelfinger und gehst deinen Weg? Sei kein Opfer. Als Opfer sind immer die anderen Schuld, und du kannst somit an deiner eigenen Misere nichts ändern. Das ist doch traurig, oder? Es ist doch viel schöner, Schöpfer deines eigenen Lebens zu sein und die Verantwortung für alles zu übernehmen. Natürlich kannst du an einer unmittelbaren, politischen Situation nicht viel ändern. Du kannst jedoch für dich die Entscheidung treffen, in ein anderes Land mit deiner Meinung nach besseren Bedingungen zu gehen. Oder du gehst selbst in die Politik und änderst etwas. Oder du akzeptierst, wie es ist und ziehst deine Vorteile daraus.

**„Gott, gib mir die Gelassenheit, Dinge hinzunehmen,
die ich nicht ändern kann,
den Mut, Dinge zu ändern, die ich ändern kann,
und die Weisheit, das eine vom anderen zu unterscheiden."**

Das Gelassenheitsgebet ist für mich die perfekte Manifestation dessen, sein Leben in die Hand zu nehmen und somit den Weg zum Glück zu beschreiten. Stattdessen beschweren sich aber Menschen lieber den lieben langen Tag über Dinge, die sie nicht ändern können und haben keinen Mut, selbst etwas zu verändern. So etwas zu sehen, macht mich immer fassungslos, und ich weiß nicht, ob ich wütend oder traurig sein soll. Dann fällt mir das Gebet wieder ein, und ich lasse die Menschen so, wie sie sind und gehe ihnen einfach aus dem Weg. Ich habe oft den Eindruck, es gibt Menschen, die es erfüllt, sich permanent zu ärgern und mit anderen über Geschehnisse in der Welt zu schimpfen und sich zu beschweren. Am besten bei einem kühlen Bier.

Es ist an dir, es anders zu machen und dein eigenes Leben auch in deine eigenen Hände zu nehmen.

Dein Fazit: ____

Angst ist dein Freund

Nutze deine Angst, statt von ihr benutzt zu werden. Deine Angst kann einer deiner besten Weggefährten sein. Mit deiner Angst ist es wie mit einem anderen Menschen. Wenn du ihn nicht kennst, dann kommt er dir vielleicht erstmal komisch vor, und du kannst ihn schlecht einschätzen. Wenn du ihn dann kennen und verstehen lernst, dann könnt ihr euch anfreunden und gemeinsam Spaß haben und Großes schaffen. Übertragen auf deine Angst bedeutet das, dass du sie zuerst kennenlernen darfst. Das hast du bereits in oberflächlicher Form getan, indem du deine Ängste aufgeschrieben und die stärksten Ängste herausgefiltert hast. Dann folgt der nächste Schritt, und du lernst deine Ängste zu verstehen. Überprüfe, ob du die Sinnhaftigkeit aller deiner aufgeschriebenen Ängste nach diesem Kapitel verstehst und du sie so richtig zuordnen kannst. Nachdem du diese beiden Schritte getan hast, gilt es, deine Angst in den Arm zu nehmen und dich bei ihr zu bedanken. Ohne sie wärst du vermutlich längst tot. Du bedankst dich und weist sie darauf hin, welche Ängste in der heutigen Zeit noch angebracht sind und welche nicht. Wenn du spätestens jetzt denkst, dass ich verrückt bin, dann hast du vollkommen recht. Spätestens jetzt sind wir weg von der Normalität. Du redest gerade schließlich mit deiner Angst. Wer macht schon sowas?! Nur Verrückte! Also bist du jetzt auch verrückt. Dann sind wir ja schon zu zweit, ist doch

prima!
Damit ist es eigentlich wieder normal, oder? Merkst du was? Es kommt immer auf die Betrachtungsweise an. In der Welt der Verrückten ist es normal, sich mit seiner Angst zu unterhalten, und in der Gesellschaft ist es verrückt, sowas zu tun. Also mal wieder deine Entscheidung.
Kommen wir darauf zurück, was dir diese ganze Übung jetzt bringt, außer Verwirrung und weniger Fokus auf deine Ängste, was schon mal gar nicht übel ist, oder? *„Ganz ok"* würde ein Mann sagen, den ich sehr schätze. Durch diese verrückte Übung und die Lächerlichkeit baust du eine andere Beziehung zu deiner Angst auf, und deine Angst wird plötzlich menschlich. Sie gehört zu dir und ist ein Teil von dir. Gehe gut mit ihr um, und sie wird dasselbe mit dir tun.

Denkst du in Problemen, bekommst du Probleme

Jetzt kannst du weiter über die Ängste nachdenken und dich darin vergraben, oder du hast verstanden, dass Ängste vollkommen normal sind, zu jedem Menschen dazu gehören und der Umgang mit ihnen über die Konsequenzen entscheidet. Die entscheidende Frage ist, ob du in Problemen oder in Lösungen denkst. Wer in Problemen denkt, bekommt Probleme, und wer in Lösungen denkt, der findet Lösungen. Lange Zeit habe ich auch nur in Problemen gedacht und war der felsenfesten Überzeugung, dass es für viele Probleme keine Lösung gäbe oder ich sie zumindest nicht sehen könne. Und damit habe ich immer zu 100 Prozent recht behalten. Spitzenmäßig, immer recht zu haben, oder? Hm, … Ich habe lange gebraucht, um zu realisieren, wie dumm es ist, sich auf Probleme zu fokussieren.

**„Where the focus goes,
the energy flows."**

„Die Energie fließt dahin, wo dein Fokus liegt." Als ich das gecheckt habe, hat sich mein Leben in vielerlei Hinsicht verändert und zum Guten gewandt. Für manche Prozesse in meinem Leben war es leider zu spät, als ich es realisiert habe. Doch alles im Leben hat seine guten Seiten, und alles hat gewissermaßen seine Richtigkeit. Ich möchte dir gleichzeitig empfehlen, nicht so lange mit der Erkenntnis zu warten wie ich. Was ist deine Top Erkenntnis aus diesem Kapitel und was setzt du direkt für dich um?

Dein Goldnugget:

Was das richtige Mindset alles bewegt

Kennst du den Spruch *„der Glaube versetzt Berge“*? Es ist unvorstellbar, was du durch den reinen Glauben alles zutage gebracht hast und was tagtäglich in deinem Leben von deinem Glauben und deinen sogenannten Glaubenssätzen bestimmt wird. Die meisten der Entscheidungen, die du triffst oder nicht triffst, hast du deinem Verstand zu verdanken. Hast du dir über das Wort *Mindset* schon einmal Gedanken gemacht und es im ursprünglich Englischen auseinandergenommen und ins Deutsche übersetzt? Das Verb *set* bedeutet im Deutschen *einstellen* oder *eingestellt*. Das Nomen *mind* bedeutet Verstand. Das heißt, im Deutschen bedeutet Mindset wörtlich übersetzt *Verstand eingestellt* und *the right mindset* folglich so viel wie *den Verstand richtig eingestellt*. Wie wunderschön dieses Wort ist, wenn man die Bedeutung dahinter vollkommen versteht. Die Einstellung, an die Dinge heranzugehen, ist entscheidend. So bestimmt deine Grundhaltung oft schon den Ausgang. Wenn du in einen Wettkampf, ein Bewerbungsgespräch oder eine beliebige vergleichbare Situation bereits mit der Einstellung zu verlieren reingehst, dann hebt das die Wahrscheinlichkeit, wirklich zu verlieren, um ein Vielfaches. Es nimmt dir die Chance auf Erfolg, während ein starkes Mindset dich beflügeln kann.

Positivität ist eine Grundhaltung

Dein Mindset bildet die Basis deines Lebens. Wie sinnvoll ist es, sich eine negative Basis zu bauen? Das wäre, als ob du beim Autofahren bewusst die Muttern an deinen eigenen Rädern lockerst oder bewusst kein Fundament unter ein zehnstöckiges Gebäude baust. Du sabotierst zu Beginn schon deinen Erfolg und nimmst dir jegliche Möglichkeit. Umgekehrt schaffst du dir selbst Möglichkeiten, wenn du mit einer positiven Grundhaltung an dein Leben trittst. Stell dir vor, was alles möglich ist, wenn du positiv bist. Die Welt ist ein wunderschöner Ort, und es gibt so viele wundervolle Dinge zu sehen. Wie entscheidest du dich, die Welt zu sehen? Wie reagierst du, wenn es regnet? Für die Natur ist Regen unerlässlich. Ohne Regen kein Wasser und ohne Wasser kein Leben. Schon Pipi Langstrumpf hat es uns als Kinder erzählt.

„Ich mach mir die Welt, wie sie mir gefällt."

Wieso auch nicht? Unser Leben ist doch viel zu kurz und wertvoll, um Trübsal zu blasen und zu jammern. Rufe dir öfter deine Erfolge vor Augen und sei dankbar! Du hast allen Grund dazu. Wenn du dieses Buch liest, kannst du immerhin sehen! Wenn du es hörst, kannst du hören, und wenn du es in Blindenschrift liest, dann kannst du fühlen. Das ist nur ein kleines Beispiel für die vielen Grundgegebenheiten, die wir in unserem Leben als selbstverständlich ansehen. Selbst der Tod ist wertvoll. Er ist das Wertvollste, das wir auf der Welt haben. Wären wir unsterblich, hätten wir keinen Grund zu leben. Erst die Vergänglichkeit schafft es, dass wir das Hier und Jetzt genießen und unser Leben in vollen Zügen genießen können.

Notiere dir zehn wundervolle Dinge, Menschen, Situationen, die dich glücklich machen und die dir ein Lächeln auf dein wundervolles Gesicht zaubern.

1.) ____

2.) ____

3.) ____

4.) ____

5.) ______________________________

6.) ______________________________

7.) ______________________________

8.) ______________________________

9.) ______________________________

10.) ______________________________

Nimm die Energie auf. Lass die positive Energie durch deinen Körper fließen, und sei dankbar für diesen Moment. Schließe für einen Moment deine Augen und lass es auf dich wirken, bevor du weiterliest.

Wie immer kannst du mit den Übungen machen, was du willst. Du kannst sie buchstabengetreu umsetzen und die Wirkung voll und ganz für dich und deine Entwicklung nutzen, oder du liest einfach weiter, um Wissen aufzunehmen. Es ist deine Entscheidung. Solltest du noch nicht positiv gestimmt sein, dann liegt es jetzt also an dir, ob du nochmal zurück zur Aufgabe gehst und dich wirklich hineinfühlst, bevor du weiterliest. Wenn du das gemacht hast, dann kannst du dieses mächtige Tool für dich auch im Alltag implementieren. Immer, wenn dir etwas widerfährt, das dich herunterzuziehen droht, kannst du innehalten und wieder deine Positivität hervorholen. Auch wenn jemand stirbt, entscheidest du, ob du allein den Fakt des Todes oder die unendlich vielen positiven Momente mit der Person in den Fokus rückst. Genau dieser Widerstand, den du jetzt vielleicht verspürst, war mein Türöffner für die wundervolle Welt der Persönlichkeitsentwicklung.

Warum Negativität der Tod des Erfolgs bedeutet

Wo keine Positivität ist, ist Negativität. Oft ist die Rede von den drei Typen Optimist, Realist und Pessimist. Der Optimist sehe alles zu positiv, der Realist realistisch und der Pessimist zu negativ. In meiner Welt kann ich etwas nicht zu positiv sehen. Auch Realität hängt von der Betrachtungsweise ab. Für mich sind Realisten nur verkappte Pessimisten. Und Pessimismus, bzw. ein negatives Weltbild zerstört sämtliche Chancen auf Erfolg und nimmt dir den Großteil deiner Lebensfreude. Auch in meiner eigenen Familie herrscht so viel Negativität, und ich erlebe immer wieder, wie genau dadurch negative Ereignisse angezogen und ins Leben gerufen werden. Ein sehr markantes Beispiel hierfür hatte ich bei der Recherche für einen Vortrag gefunden.

In einem Krankenhaus wurden stark erhöhte Fallzahlen von postnataler Depression festgestellt. Als man dem auf den Grund ging, kam heraus, dass eine Hebamme allen Frauen signalisiert hatte, dass über 80 Prozent aller Frauen an postnataler Depression leiden würden und das ganz normal sei. Was hat sie damit gemacht? Sie hat in den Frauen hervorgerufen, dass das der Normalzustand ist und somit den Gedanken, dass es auch bei ihnen der Fall sein müsse, eingepflanzt.

Es gibt eine Vielzahl an weiteren Beispielen, welche die Macht des Denkens und die Macht von Glaubenssätzen belegen. Viele Menschen erkranken laut Medizinjournalisten vor allem deshalb an einer Depression oder einem Burnout, weil sie sich eine negative Denkweise antrainiert haben. Wir sprechen also nicht nur davon, dass der Erfolg ausbleibt, sondern davon, dass sogar gänzlich die Lebensfreude aufgrund negativer Gedanken wegfallen kann. Sei also vorsichtig, was du denkst und welches Gedankengut du von außen auf dich einwirken lässt.

Für mich ist die Vermeidung von Negativität so wichtig, dass ich die meisten Medien aus meinem Leben verbannt habe und keine Nachrichten mehr schaue.

Dein Fazit: ____

Die Konditionierung der Gesellschaft

Unsere Gesellschaft wird hauptsächlich durch Medien wie Radio, Fernsehen und mittlerweile Internet und insbesondere Social Media und Videoplattformen versorgt. Hast du hier ein Auge drauf, mit was du dich umgibst? Wie wichtig dein Umfeld für dein Leben und deinen Erfolg ist, haben wir uns bereits angeschaut. Hast du dabei auch auf dem Schirm, dass du ein digitales Umfeld hast? Mit wem schreibst du über welche Themen auf Messenger-Diensten? Welche Serien oder Videos schaust du? Welchen Input hast du auf deinen Social-Media-Kanälen? Ich habe bewusst viele meiner Freunde nicht abonniert, da ich mir die Negativität vieler ihrer Posts nicht antue. Ebenso haben mich viele ehemalige Freunde deabonniert, weil sie mit den klaren Aussagen und der provokanten Art nicht klarkommen und die Meinungen nicht vertreten können. In ihrer Welt ist das auch vollkommen legitim, und ich kann das akzeptieren, da es nicht meine Angelegenheit ist, ob jemand wachsen will und sich mit sich selbst auseinander-setzt oder nicht. Auch bin ich mir bewusst, dass es einfach viele Leute gibt, denen mein Gesicht oder meine Stimme nicht passt. Für mich ist alles in Ordnung, solange niemand zu Schaden kommt. Das ist bei negativen Aussagen, Gejammer und der Art, wie Medien gestaltet sind, jedoch leider nicht der Fall. Hierdurch kommen täglich so viele Menschen zu Schaden. Es ist kaum vorstellbar, wie die Gesellschaft konditioniert wird und wie viel Ängste durch Medien bewusst geschürt werden. Das Schul-system macht den Anfang mit dem Fokus auf Fehler und der Missachtung dessen, was alles richtig gemacht wurde und die mediale Welt sowie die verkorkste Gesellschaft geben dir dann den Rest.

Du musst dich dem entziehen, wenn du ein entscheidendes Leben führen möchtest und dir eine eigene Welt schaffen, die voller Positivität und einem förderlichen Umfeld besteht. Kritiker sprechen hier immer von der sogenannten *„Bubble"*, also eine Blase, die jeden Moment zerplatzen könnte. Und was dann? Dann sehe ich wieder das Elend der Welt? Na, dann gehe ich das Risiko doch lieber ein, als von Anfang an nur das Elend zu sehen, oder?

Dein Fazit: ______________________________________

Die Macht des positiven Denkens

Hast du schon mal vom Placebo Effekt gehört? Es gibt hunderte Studien dazu, und die Mehrzahl davon belegt: Der Placebo Effekt ist real. Unser Gehirn ist zu so vielem im Stande, wenn es daran glaubt. Selbst Krebs kann - bewiesen durch etliche Tests des Neurowissenschaftlers Dr. Joe Dispenza - vom eigenen Körper geheilt werden. In seinem Buch *Du bist das Placebo* beschreibt er, welche Wunderheilungen möglich sind, wenn du deinen Geist darauf ausrichtest. Er selbst hatte mehrere Wirbelbrüche und war querschnittsgelähmt für einige Jahre, hat das aber durch Meditation und Gedankenkontrolle behoben. Klingt verrückt, oder?! Als ich angefangen habe, das Buch zu lesen, dachte ich, der Mann spinnt und redet, bzw. schreibt wirres Zeug. Genauso wie du vielleicht bei diesem Buch hier auch schon mal über mich gedacht hast. Beim Weiterlesen wurde mir jedoch immer bewusster, wie recht er hat und wie realistisch es doch ist, dass wir selbst die Macht über unseren Körper haben. Wo hast du schon Dinge erlebt, die sich in deinem Leben durch positives Denken ergeben, bzw. verändert haben? Wenn dir nichts einfällt, dann lies erst weiter und denke dann nochmal nach.

1.) ____

2.) ____

3.) ____

4.) ____

5.) ____

6.) ____

7.) ____

8.) ____

9.) ____

10.) ____

Ich selbst durfte auch schon Erfahrungen sammeln, die ohne nähere Betrachtung rational nicht erklärbar sind. Ich war nicht immer sportlich, und in meiner Jugend hatte ich regelmäßig Verletzungen, bis hin zu einem Bandscheibenvorfall. Wieso hat das schlagartig abgenommen und ich wurde sportlicher? Es gab einen klaren Mindset Shift, durch den ich mich nicht länger selbst blockiert habe. Meine Einstellung war jahrelang *„Ich bin nicht sportlich"*. Hierdurch habe ich mir selbst suggeriert, dass ich nicht fähig bin, sportlich zu sein. Immer, wenn doch langsam Besserung in Sicht war und ich meine Leistung gerade ein wenig gesteigert hatte, zog ich mir Verletzungen zu. Ich hatte eine innere Blockade besser zu werden. Erst mit dem Fokus auf das, was ich schon kann und mit der positiven Einstellung, dass ich zwar in gewissen Bereichen jetzt noch nicht herausragend bin, jedoch das Potenzial dazu in mir trage, konnte ich plötzlich

besser werden, ohne weiterhin Verletzungen und Rückschläge zu erleiden. Ebenso bei Frauen. Auch hier hatte ich massive Glaubenssätze, dass ich nicht gut genug sei oder sonst etwas. In dem Moment, in dem ich angefangen habe, positiv zu denken, hat sich vieles wie von selbst gelöst.
Hast du deine ähnlichen Erfahrungen gefunden? Rückwirkend betrachtet gibt es viele Momente, deren genauer Ablauf sich auf dein Mindset und dein Unterbewusstsein übertragen lässt.

Dein Fazit: ____

50-fache Leistungsfähigkeit

Es gibt eine theoretische Möglichkeit, die etwa 50-fache mentale Leistung zu erbringen. Dein Unterbewusstsein. Das Unterbewusstsein macht etwa 98 Prozent der Gesamtheit deines Denkens aus. Das bedeutet, dass alles, was du aktiv machst und worüber du aktiv nachdenkst - also dein Bewusstsein - nur etwa zwei Prozent ausmacht. Stell dir vor, was alles möglich wäre, wenn du vollen Zugriff auf dein Unterbewusstsein hättest. Irre, oder? Vielleicht kennst du den Film *Matrix*? Dort geht es im Wesentlichen auch um das Unterbewusstsein und wie viel durch den Zugang dazu möglich wird. Du könntest beispielsweise Kampfsporttechniken in wenigen Sekunden adaptieren und abrufen, könntest ein Buch einfach durchblättern und danach daraus Zeile für Zeile zitieren oder deinem Körper genau sagen, was er tun soll. Es gäbe also kaum noch Grenzen und Barrieren. Leider hat noch niemand herausgefunden, wie wir den vollen Zugang zum Unterbewusstsein finden. Was jedoch möglich ist, durch verschiedene Techniken das Unterbewusstsein punktuell bewusst positiv zu beeinflussen und somit zumindest die Richtung in Nuancen lenken zu können.

Da im Unterbewusstsein deine Glaubenssätze tief verankert liegen und deine Verhaltensmuster abgespeichert sind, ist der Zugriff auch im Kleinen schon sehr spannend. Wir können durch bewusste Übungen Themen aus dem Unterbewusstsein ins Bewusstsein holen und so beginnen, einen Veränderungsprozess einzuleiten. So bekommst du auch den Wandel vom Negativen zum Positiven hin. Eine einfache Übung ist der Fokus auf die eigene Sprache. Wie drückst du dich gegenüber anderen und vor allem gegenüber dir selbst aus? *„Worte können töten"* bekommt in Bezug auf dein eigenes Potenzial eine ganz besondere Wirkung.

Wie du mit dir sprichst, bestimmt, wer du bist

Welche Worte du in deinem Alltag wählst, bestimmt dein Leben und dein Sein. Gehst du sorgsam mit dir selbst um und wertschätzt du dich und dein Leben? Immer wieder erlebe ich das Gegenteil. Menschen machen sich selbst fertig für kleinste Fehler. Sich selbst fertig machen, ist eine wunderbare Beschreibung dessen, was dabei passiert. Das Resultat ist, du bist fertig. Du bist das Ergebnis deiner Taten und deiner Gedanken. Wenn du schlecht über dich denkst, dann bist du schlecht.

Um dich zum Positiven zu wenden, kannst du folgende Übung in vier Schritten mit deinen Verhaltensmustern und deiner Kommunikation machen. Die Entwicklung sieht folgendermaßen aus:

- unterbewusst negativ
- bewusst negativ
- bewusst positiv
- unterbewusst positiv

Wenn du aktuell oft negative Verhaltensmuster und Gedanken hast, dann machst du dir diese im ersten Schritt erstmal bewusst. Das heißt, wenn du dich gerade über etwas aufregst und das merkst, gehst du bewusst in die Übertreibung. Nehmen wir ein konkretes Verhaltensmuster als Beispiel. Vielleicht hast du in deinem Leben schon mal von diesem geheimnisvollen „ähm" gehört. Keine Ahnung, wer oder was das genau sein soll, aber nahezu alle sprechen davon und scheinen Experte auf diesem Gebiet zu sein. Auch ich war ein wahrer „ähm"-Meister! Nehmen wir an, dass es sich dabei um ein unnötiges Füllwort handelt, das unsere Kommunikation negativ beeinflusst und uns die Verwendung dumm scheinen lässt.

Auf einigen meiner Seminare gehe ich über Tage hinweg mit den Teilnehmern tiefer in diese Thematik ein und wir lösen binnen zwei Tagen ca. 60 Prozent aller „ähm" auf, sodass die Teilnehmer anschließend fließend sprechen und sich eloquenter ausdrücken können. Der Trick dahinter ist eine einfache Übung, die aber buchstabengetreue Umsetzung erfordert. Jedes Mal, wenn ein Teilnehmer das Wort benutzt, sagt er anschließend *„ähm gibt's nicht!"* Damit geht der Betroffene in die Lächerlichkeit und führt gleichzeitig das negative Wort aus dem Unterbewusstsein ins Bewusstsein. Der erste und wichtigste Schritt zur Lösung ist getan. Anschließend folgt der Schritt, stattdessen bewusst positive Dinge zu implementieren. Hier empfehle ich die rhetorische Pause. Diese immer wieder bewusst einzusetzen, fördert durch ständige Wiederholung nach und nach den Transport ins Unterbewusstsein. So entsteht bereits innerhalb von zwei Tagen eine nachhaltige Veränderung, die messbar ist.
In den Seminaren behandeln wir noch viele weitere Kleinigkeiten, die du in deinen Alltag implementieren und somit deine Kommunikationsfähigkeiten erheblich steigern kannst.

Dein Fazit: ____

Bist du ein Gewinner-Typ?

Mit welcher Einstellung gehst du an deinen Alltag heran, und mit welchem Blick schaust du auf Herausforderungen? Siehst du nur die Probleme oder siehst du Lösungen? Gehst du mit der Einstellung heran, dass schon alles verloren ist, oder steigst du immer als Gewinner in den Ring mit deinen Herausforderungen? Ist dir schon aufgefallen, dass es Leute gibt, denen scheinbar alles gelingt und die einfach immer Glück haben? Ist das nicht traumhaft? Alles gelingt dir einfach so, und du musst nie etwas tun oder dich sorgen. Das ist tatsächlich traumhaft, denn so läuft es in der Realität nicht. Jeder Mensch, den ich bisher kennenlernen durfte, hat Herausforderungen und Probleme, mit denen er zu kämpfen hat. Egal ob Multimillionär oder Hartz-IV-Empfänger. Maßgeblich gibt es zwei Unterschiede, die zu beachten sind.

Erstens haben unterschiedliche Menschen unterschiedliche Probleme. Für uns Deutsche ist es normal, dass wir zumindest keinen Hunger leiden müssen, sofern wir uns entweder selbst etwas verdienen oder uns vom Staat, bzw. den Steuerzahlern unterstützen lassen, während in Dritte-Welt-Ländern Menschen nicht wissen, wie sie am nächsten Tag überleben sollen. Ebenso ist es für einen Millionär in der Regel kein Thema, ob er sich jetzt jeden Monat ein neues Paar Schuhe kauft oder nicht, während es das für den Hartz-IV-Empfänger zumindest sein sollte.

Zweitens unterscheidet sich die Herangehensweise an Herausforderungen massiv. Die Mehrheit geht an schwierige Herausforderungen oft mit einem Verlierermindset heran. Das heißt, dass du zum Beispiel bei einem Vorstellungsgespräch schon mit der Grundeinstellung teilnimmst, dass sie dich wahrscheinlich eh nicht nehmen. Wie soll mit der Grundhaltung ein positives Ergebnis zustande kommen? Hier ist dann wahres „Glück“ am Werk! Gehst du mit der Einstellung heran, dass du den Job hast, dann hast du eine vollkommen andere

Ausstrahlung und dein Gegenüber nimmt einen selbstsicheren, offenen und interessierten Gesprächspartner wahr. Was denkst du, wie stehen die Chancen besser auf Erfolg?

Gab es in deinem Leben schon Momente, in denen du bereits im Vorfeld gezweifelt und den Sieg in Frage gestellt hast? Schreib die Momente auf und, ob der Ausgang positiv oder negativ war.

	Dein Moment	Ausgang
1.)	______________________________	_______________
2.)	______________________________	_______________
3.)	______________________________	_______________
4.)	______________________________	_______________
5.)	______________________________	_______________
6.)	______________________________	_______________
7.)	______________________________	_______________
8.)	______________________________	_______________
9.)	______________________________	_______________
10.)	______________________________	_______________

Bei mir war es fast immer so, dass ich recht behalten habe, wenn ich im Vorfeld bereits große Sorgen hatte und ebenso recht behalten habe, wenn ich als Gewinner gestartet bin. Und das Verrückte dabei ist, dass das auch nach wie vor so war, nachdem ich angefangen hatte, *fast* immer als Gewinner reinzugehen.
Beobachte dich selbst weiterhin und schaue, wie sich das bei dir auswirkt.

Dein Fazit: ____

Der Glaube kann Berge versetzen

Dass der Glaube Berge versetzen kann, ist in diesem Kapitel bereits mehrfach verdeutlicht worden. Die Frage ist nur, ob du daran glaubst. Deshalb *kann* der Glaube auch Berge versetzen. Er tut das jedoch nur, wenn er stark genug ist. Stell dir einen kleinen, winzigen Glauben vor, der am Fuße eines Berges steht und selbst nur ein Bruchteil so groß ist. Wird dieser den Berg anheben und bewegen können? Eher unwahrscheinlich. Ein Riesen-Glaube hingegen, der deutlich größer als der Berg ist und für den der Berg wie ein Kieselstein ist, wird diesen ganz einfach aus dem Boden reißen und versetzen können, oder? Durch diese Metapher erkennst du, wie wichtig der Glaube an dich ist.

Eines meiner Lieblingszitate von Henry Ford lautet:

„Whether you think you can,
or you think you can't,
you're right."

„Egal, ob du denkst, dass du es kannst, oder ob du denkst, dass du es nicht kannst, du hast recht." Achte also darauf, was du denkst und worauf du in deinem Leben den Fokus legst.
Bist du ängstlich oder mutig? Es ist fast dasselbe. Allein die Perspektive ist eine andere.
Ebenso wichtig ist es, wenn du selbst Coach bist oder die

Ambitionen hast, an deine Coachees zu glauben und nur Menschen aufzunehmen, an deren Erfolg du auch wirklich glaubst. Andernfalls gibst du ihnen nur noch mehr Zweifel mit, und sie schaffen hinterher gar nichts mehr. Das ist eine große Verantwortung und sollte nie unterschätzt werden.

Dein Fazit: ____

Selbsterfüllende Prophezeiungen

Kleinste Formulierungen führen bereits zu Erfolg oder Misserfolg. Ein kleiner Satz wie *„Das kann ich mir nicht leisten"* bestimmt, wie dein Leben verläuft. Dieser Satz ist von deinem Unterbewusstsein als eine Bankrotterklärung zu verstehen, und du wirst dir es voraussichtlich - sollte kein Wunder geschehen - nie leisten können. Selbsterfüllende Prophezeiungen sind selbstgebaute Glaubenssätze, die dein Leben bestimmen und du hast in der Hand, wie sie aufgebaut sind und was dein Leben mit sich bringt. Dort, wo du die Energie hingibst, vervielfacht sie sich um ein Hundertfaches. Entscheide dich weise und wähle zu deinem Nutzen und im Sinne aller. Wenn du dich entfaltest, kannst du auch mehr für andere geben und bist ein Geschenk für die Welt.

Sag, was du willst, und du bekommst, was du willst

Sowohl zu dir selbst und deinem Unterbewusstsein als auch in der Konversation mit anderen gilt ganz klar der Grundsatz, dass du das bekommst, was du sagst. Wenn du also etwas willst, dann sag es klar und deutlich. Zu dir selbst gerichtet, bedeutet das am Beispiel *„Das kann ich mir nicht leisten"*, dass, falls du es dir eines Tages leisten können willst, der Satz anders lauten muss. *„Was darf ich leisten, damit ich es mir leisten kann?"* Das ist ein Satz, aus dem dein Unterbewusstsein die Möglichkeit erschließt, dass du es dir leisten kannst. Außerdem regt es deinen Geist an, in Lösungen zu denken und mindestens eine passende Lösung zu finden.

Stell dir etwas vor, das du unbedingt willst und das von deinen aktuellen Möglichkeiten keine Lichtjahre entfernt ist und schreibe zehn Lösungsmöglichkeiten auf, wie du es dir leisten kannst.

Dein Wunsch: ______________________________________

Deine Lösungsmöglichkeiten, was du tun kannst, um es dir leisten zu können:

1.) ______________________________________

2.) ______________________________________

3.) ______________________________________

4.) ______________________________________

5.) ______________________________________

6.) ______________________________________

7.) ______________________________________

8.) ______________________________________

9.) ______________________________________

10.) ______________________________________

Wenn du die Übung ernsthaft gemacht hast und keinen zu weit entfernten Wunsch aufgeschrieben hast, dann sind dir wahrscheinlich sogar noch mehr als zehn Lösungen eingefallen. Diese Übung ist genial, und du kannst sie immer anwenden, wenn du gerade auf der Suche nach Lösungen für ein Problem bist.

Ebenfalls spannend ist die Philosophie *„Sag, was du willst, und du bekommst, was du willst"* im Alltag. Früher habe ich mich nie getraut, es direkt anzusprechen, wenn mir etwas nicht passt. Dieser Wandel hat meine Lebensqualität um ein Vielfaches erhöht! Ob bei der Zuweisung des Hotelzimmers und der freundlichen, aber bestimmten Bitte, ein anderes Zimmer zu bekommen oder auch der Kommunikation zwischen Menschen und klaren Hinweisen auf persönliche Grenzen und wenn diese überschritten werden.

Wie hat sich deine Sicht auf das Mindset verändert? Was konntest du aus diesem Kapitel besonders mitnehmen, und wie kannst du für dich eine direkte Veränderung bewirken?

Dein Goldnugget:

____

Dein Erfolg braucht einen starken Motor

Eine Rakete schafft es nur, ins All zu kommen, da sie einen starken Antrieb hat. Mit Abstand wird die meiste Energie für den Start verbraucht. Sobald die Rakete eine gewisse Flughöhe erreicht und die ersten Sphären durchbrochen hat, wird es leichter, und der Energieaufwand sinkt auf ein Minimum. Ähnlich ist es auch mit dem Unternehmenserfolg. Du brauchst als Unternehmer einen impulsiven und dennoch konstant starken Start, um nach einer gewissen Zeit in sicheren Höhen angelangt, deinen Energieaufwand reduzieren zu können. Du bist eben eine Rakete!

Woraus besteht dein Motor?

Während bei der Rakete der Antrieb selbst für den Laien erkennbar ist, ist der Motor des Erfolgs nicht direkt ersichtlich. Er steckt in deinem Verstand und deinem Herzen. Dein Antrieb ist individuell und doch sehr ähnlich zu dem von anderen erfolgshungrigen Menschen. Er besteht aus Leidenschaft, deinem Mindset und deiner Motivation. Wenn du für etwas brennst, macht es das Vorankommen leichter, und du meisterst auch schwierige und ermüdende Aufgaben mit Leichtigkeit. Ohne richtige Leidenschaft ist es möglich, erfordert jedoch mehr Durchhaltevermögen und noch klarere Ziele. Ohne jegliche Motivation ist es unmöglich, in Bewegung zu kommen. *Motivation* ist abgeleitet vom lateinischen Wort *movere*, was so viel wie *sich bewegen* bedeutet. Das erklärt auch sehr gut, warum Motivation so wichtig ist. Hast du schon einmal in einem Zustand völliger Motivationslosigkeit festgesteckt? Ich stelle mir das Gefühl schlimm vor. Ich bin mir nicht sicher, ob ich schon einmal komplett motivationslos war. Klar kenne ich das Gefühl, dass ich absolut keinen Bock habe, mich aus dem Haus zu bewegen und am liebsten im Bett liegen zu bleiben. Doch ist das schon komplette Motivationslosigkeit? Bleibe ich wirklich den ganzen Tag liegen, oder packt es mich doch irgendwann? Wie ist das bei dir?

Im ersten Moment scheint es oft so, dass wir nicht motiviert sind, etwas zu tun, und ich habe schon oft den Satz „Ich bin echt nicht so motiviert" gehört. Echt? Es gibt zwei Arten von Motivation.

- Weg-Von-Motivation
- Hin-Zu-Motivation

Beide sind unheimlich wichtig, und je nach Situation kann das eine oder das andere stärker wirken. Gerade die Weg-Von-Motivation ist uns in vielen Alltagssituationen nicht sofort ersichtlich und wird massiv unterschätzt.

Dein Fazit: ____

Deine Weg-Von-Motivation

Unter der mangelgetriebenen Form von Motivation kannst du dir, wie der Name schon sagt, vorstellen, dass du davon angetrieben bist, von etwas weg zu wollen. Erfolgreiche Menschen kommen oft aus ärmlichen Verhältnissen und hatten eine harte Jugend. Sie sind also davon angetrieben, so etwas für sich und für die eigene Familie niemals zu erleben. Niemals Hunger leiden müssen. Niemals etwas den eigenen Kindern verwehren müssen, das sie unbedingt wollen. Diese Form von Motivation ist in der Regel mit großem, erlebtem Schmerz verbunden. Wie ist das bei dir? Was sind deine Weg-Von-Motivationen? Was treibt dich an? Von wo willst du unbedingt weg? Was willst du nicht mehr in deinem Leben ertragen müssen?

Deine Motivation	Warum?
1.) ____________________	____________
2.) ____________________	____________
3.) ____________________	____________
4.) ____________________	____________
5.) ____________________	____________
6.) ____________________	____________
7.) ____________________	____________
8.) ____________________	____________
9.) ____________________	____________
10.) ____________________	____________

Diese Aufzählung ist Gold wert auf deinem Erfolgsweg. Für mich persönlich sind die Weg-Von-Motivatoren meistens greifbarer als die Hin-Zu-Motivatoren. Wenn ich einen Moment des Zweifels habe, dann bringt es mir deutlich mehr, mich darauf zu fokussieren, was ich bereits erlebt habe und nicht mehr will als auf die schönen Dinge, die mich in meiner Zukunftsvorstellung erwarten. Psychologisch gesehen macht das absolut Sinn, denn das eine haben wir ja bereits erlebt, während das andere in einem möglichen, erdachten Zukunftsszenario liegt. Gehe nochmal tiefer in den Schmerz und hole die drei schwersten und mächtigsten Weg-Von-Motivationen hervor.

Deine Motivation	Warum?

1.) ______________________ ____________

2.) ______________________ ____________

3.) ______________________ ____________

Spürst du die Power und das Pulsieren in dir? Es ist wie ein Feuer, das in dir lodert. Genau dort wollen wir oft nicht hinschauen, da die negativen Momente im besten Fall mit Schmerz verbunden sind. Je mehr Schmerz, desto größer brennt die Flamme. Wenn du nur von weitem kurz draufschaust, dann sieht es aus wie eine kleine Kerze, die flackert. Je näher du kommst und je tiefer du in den erlebten Schmerz gehst, den du nie wieder erfahren willst, desto größer wird plötzlich die Flamme, und am Kern angekommen siehst du dein großes, loderndes Osterfeuer. Was ist dein Osterfeuer? Was ist dein großer Weg-Von-Antrieb?

Deine Motivation	Warum?
1.) ______________________	____________

Nutze diese grenzenlose Energie, um etwas Wundervolles zu schaffen. Du hast unendliche Möglichkeiten, wenn du die Kraft nutzt und dein Potenzial entfaltest.

Deine Hin-Zu-Motivation

Der andere Teil deiner Motivation kommt aus dem Blick auf deine Zukunft und aus der Vorfreude, die du dabei spürst. Wie fühlt es sich an, an dein Traumleben zu denken? Schön, oder? Hoffentlich mehr als nur schön! Es ist großartig. Stell dir vor, du kannst dein Leben wirklich so gestalten, wie du es dir vorstellst. Wie stellst du es dir konkret vor? Was sind die Dinge, die dich antreiben? Sind es nur materielle Dinge? Sind es ausschließlich spirituelle Themen? Ist es eine Mischung aus beiden? Für mich ist weder das eine noch das andere besser oder schlechter. Ich glaube fest daran, dass beides dazu gehört und wir sowohl materielle als auch spirituelle Wünsche und Ziele haben sollten. Was sind die Dinge, die dich am stärksten positiv antreiben und die du unbedingt in deinem Leben haben, erreichen, schaffen willst?

	Deine Motivation	Warum?
1.)	______________________________	_______________
2.)	______________________________	_______________
3.)	______________________________	_______________
4.)	______________________________	_______________
5.)	______________________________	_______________
6.)	______________________________	_______________
7.)	______________________________	_______________
8.)	______________________________	_______________
9.)	______________________________	_______________
10.)	______________________________	_______________

Ist das nicht wunderschön, wenn du dir das vorstellst? Atemberaubend. Vielleicht ist es in deinem Kopf auch noch nicht ganz realistisch. Das ist nicht schlimm. Ich habe auch Ziele, die so weit weg sind, dass ich sie noch nicht ganz greifen kann. Wichtig ist, dass du es dir immer wieder vorstellst und auch visualisierst. Du kannst hierfür mit einem Vision Board arbeiten, auf das du die zehn Punkte malst, entsprechende Bilder ausdruckst oder sie schlicht hinschreibst. Je klarer die Ziele und die Vorstellungen davon sind, desto mehr Power steckt darin.

Gibt es unter den genannten Motivatoren welche, die besonders stark hervorstechen? Gibt es welche, die dein Herz springen lassen oder dir ein Bauchkribbeln verursachen? Schreibe diese jetzt auf.

	Deine Motivation	Warum?
1.)	______________________________	_______________
2.)	______________________________	_______________
3.)	______________________________	_______________

Was ein wunderbares Gefühl, diese noch einmal zu manifestieren und die Energie zu verstärken. Ein genialer Antrieb für deinen Erfolgsweg.

Was motiviert dich konkret?

Jetzt haben wir schon einiges an die Oberfläche befördert. In deinen dunklen Ecken gekramt, negative Erlebnisse hervorgeholt, dein Traumleben betrachtet und wunderschöne Visionen in deinem Geiste aufgemalt. Wo kannst du noch konkreter werden? Was ist das, was dein Herz wirklich höherschlagen lässt? Wo steckt dein Herzblut? Schreibe es jetzt einfach auf und beschreibe, wie du dich fühlst.

Deine Motivation Dein Gefühl

1.) ______________________________ ________________

Wenn du noch nicht deine eine Vision und deinen großen Antrieb gefunden hast und dir die Übung schwergefallen ist, dann ist das nicht schlimm. Begib dich auf die Reise zu dir selbst und unterhalte dich mit anderen, die schon bei sich angekommen sind. Tausche dich aus und überlege auch, ob dir ein Coach auf dem Weg zu deiner Klarheit helfen kann.

Die Schlüsselfragen zur Klarheit

Sei absolut klar. Um wirkliche Klarheit zu gewinnen, darfst du tief in dich gehen. Je nachdem, wo du aktuell genau stehst, gibt es einige einfache Fragen, die dich schnell zur Klarheit führen.

- Was will ich?
- Was will ich wirklich?
- Was will ich nicht?
- Was will ich nie mehr?
- Was bin ich bereit, dafür zu tun?

Dazu findest du auf den folgenden Seiten eine geniale Übung, die du immer wieder machen kannst. Auf den folgenden Seiten findest du Platz, um einige Mindmaps zu diesen Fragen zu machen. Es ist wichtig, dass du die Mindmaps der Reihenfolge nach machst. Mach dir Gedanken und nimm dir je Mindmap 15-20 Minuten Zeit. Nicht länger und dennoch ausführlich. Wenn du nicht weißt, wie eine Mindmap funktioniert, dann frag am besten die wohl bekannteste Suchmaschine der Welt um Rat.

Dein Fazit: ____

Was Willst du?

Was willst du wirklich?

Was willst du nicht?

Was willst du nie mehr?

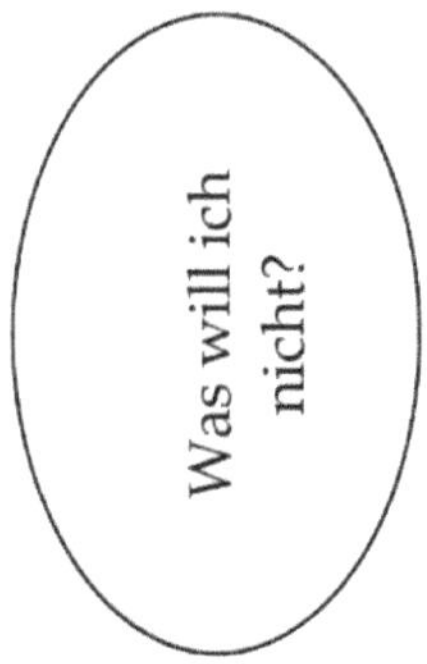

Was bist du bereit, dafür zu tun?

Tue, was du liebst

Was hat die Übung mit dir gemacht? Bist du jetzt klarer? Du weißt jetzt, was du in deinem Leben und in deiner jetzigen Situation willst und was du nicht willst. Und noch wichtiger, du weißt, was du wirklich willst und was nie mehr! Das ist ein großer Antrieb, alles daranzusetzen, diese Wünsche auch zu erfüllen. Außerdem hast du für dich beantwortet, was du bereit bist, dafür zu tun. Wenn du nicht bereit bist, die Dinge auch umzusetzen und zu tun, was auf deinem Weg zu tun ist, dann ist alles umsonst und die ganze Mühe hat kein Ergebnis. Frage dich noch einmal, ob du … n Dingen bereit bist, die dastehen und wenn ja … ch heute los! Du hast dir notiert, was du glaubs … dig ist und jetzt gilt es, es entweder allein zu tun … zustellen, ob du allein weit kommst oder nicht od … wenn du bereit dazu bist, Unterstützung zu hole … nleiten zu lassen auf dem Weg zu deinem pers … g. Wenn du dabei deine Passion gefunden hast … as du liebst, dann ist es um ein Vielfaches leichter, zu tun, was zu tun ist.

Was bin ich bereit zu tun?

Was haben die Übungen mit dir gemacht? Hast du den Wert für dich erkannt? Hast du an Klarheit gewonnen und bist du deinem Lebensweg einen großen Schritt nähergekommen? Schreib das größte Learning aus diesem Kapitel auf und bringe es direkt in die Umsetzung, sodass auch eine greifbare Veränderung entsteht.

Dein Goldnugget:

Mit Wertschätzung und Dankbarkeit zum Erfolg

In unserer Gesellschaft sind Dankbarkeit und Wertschätzung ein eher seltenes Gut. Wie haushaltest du mit diesen beiden Eigenschaften? Bist du immer dankbar, und bist du dir bewusst, wofür du dankbar sein kannst? Es gibt unendlich viel Schönheit in deinem Leben und so viele Dinge, für die du dankbar sein kannst. Wie gehst du mit Menschen in deinem Umfeld und deinem Alltag um? Bist du ein Mensch, der andere für ihr Tun und ihr bloßes Sein wertschätzt? Bedankst du dich beim Kassierer im Supermarkt, beim Schuhverkäufer und dem Bäckereifachverkäufer? Hast du dich schon einmal bei deinen Eltern und deinen Freunden dafür bedankt, was sie alles für dich tun oder getan haben? Überlege, wie du unterwegs bist und ob da noch mehr geht. Dankbarkeit und Wertschätzung fordern kaum Energie, geben jedoch gigantische Mengen positive Energie an den Empfänger und verrückterweise auch an den Sender.

Dankbarkeit ist die Wurzel des Glücks

Mein absolutes Lieblingszitat ist auch eines meiner größten Lebensmottos. Es bestimmt mein Leben in vielerlei Hinsicht und gibt mir immer wieder phänomenale Energiestöße.

**„Nicht die Glücklichen sind dankbar.
Es sind die Dankbaren, die glücklich sind.“**

Ich danke Francis Bacon für dieses Geschenk an die Menschheit. Wenn du dieses Zitat annimmst, in dein Leben implementierst und dein Leben danach ausrichtest, dann hast du die Möglichkeit, über dein persönliches Glück zu entscheiden. Komme, was da wolle, solange du dankbar für das bist, was du leistest und für das, was du bist, bist du glücklich. Du hast immer die Möglichkeit, dankbar zu sein. Jede Situation ist für etwas gut, auch wenn es in manchen Momenten sehr schwerfallen mag, dies zu erkennen. Dankbarkeit ist eine Einstellung, und du hast in der Hand, ob du diese annehmen möchtest.

Lass dir eines gesagt sein. In dem Moment, in dem ich das verstanden und in mein Leben implementiert habe, habe ich zu meinem Glück gefunden. Viel zu viele Menschen regen sich permanent über die verschiedensten Dinge auf, die sie nicht haben oder die gerade schlecht laufen, anstatt dankbar für das zu sein, was sie haben und was positiv in ihrem Leben ist und war. Selbst der Verlust eines Menschen kann positive Auswirkungen auf dein Leben und vor allem auf dessen Leben haben. Einen Partner gehen zu lassen, ist vollkommen selbstlos und eine großartige Tat. Sie gibt ihm und dir die Möglichkeit, bedingungslos zu lieben. Ebenso kann der Tod etwas Erlösendes sein, und gerade alte Menschen sehnen sich oft ab einem gewissen Zeitpunkt nach einem Ende. Lass sie gehen und sei dankbar für die gemeinsam erlebten, wunderschönen Momente.

Dein Fazit: ____

Sei dir bewusst, was dir alles geschenkt ist

Es ist generell empfehlenswert, sich immer wieder bewusst zu machen, was einem alles geschenkt wird. So viele wunderschöne Orte, Dinge und Menschen, die uns in unserem Leben begegnen. Angefangen beim Leben selbst, für das wir dankbar sein dürfen. Sei dankbar dafür, das wichtigste Rennen deines Lebens gewonnen zu haben. Du hast gegen etwa etliche Millionen anderer gewonnen und bist an dein Ziel gelangt. Und das noch vor deiner Geburt. Für diese Leistung kannst du dir selbst unendlich dankbar sein. Du kannst deinen Eltern für diesen Akt und deiner Mutter für die Monate danach, sowie für die möglicherweise qualvolle Prozedur, dich zu Tage zu bringen, dankbar sein. Du kannst dankbar sein, ohne Hilfe atmen, sehen, sprechen, hören, riechen, schmecken, gehen und fühlen zu können. Sollte dir eine Möglichkeit davon nicht gegeben sein, gibt es noch viele andere, die du hast. Sei dir dessen bewusst. Oftmals sind es genau die Menschen, die eigentlich alles gegeben haben, aber nichts daraus machen, die nicht dankbar und somit auch nicht glücklich sind. Behinderte Menschen sind oft dankbar dafür, dass sie leben und dass sie bis auf ihre Behinderung alles weitere tun können.

Gehe durch die Welt, indem du die Schönheit allen Seins wahrnimmst. Alles hat seine Schönheit, und vor allem die Natur ist unendlich voll mit kleinen Schätzen. Hast du die richtige Einstellung, diese wahrzunehmen? Weißt du solche Dinge wertzuschätzen? Regst du dich bei einem schönen Herbstspaziergang über die matschigen Wege auf, oder bist du dankbar für den Regen und die bunten Blätter?

„Es ist alles eine Entscheidung. Deine Entscheidung."

Wertschätzend unterwegs zu sein bringt wundervolle Gefühle

Wertschätzung ist einer der schönsten Werte. Sie erlaubt es uns, uns selbst und anderen gegenüber, einen hohen Wert zu äußern und damit den Schatz des Lebens freizulegen. In unserer Gesellschaft wachsen wir so auf, dass wir selten richtige Wertschätzung zeigen und dafür eher als „Schleimer" abgestempelt werden. Dabei ist Wertschätzung etwas so Schönes, und sie bewegt so vieles. Die Wertschätzung einem anderen Menschen gegenüber bringt uns Glück und Segen und erfüllt den Empfänger mit Freude. Manche Menschen sind so sehr verzogen worden von Eltern, Schule, Umfeld und gesellschaftlichen Normen, dass sie mit echter Wertschätzung nicht umgehen können, sich dafür schämen und sich davor verstecken. So etwas mit anzusehen, ist erschreckend. Auf meinen Seminaren gehe ich hier immer wieder mit den Teilnehmern rein. Jeder meiner Coachees lernt, Wertschätzung anzunehmen und gleichermaßen auch zu geben. Es gäbe keine Kriege und deutlich weniger andere Probleme auf unserer Welt, wenn jeder Mensch Dankbarkeit und Wertschätzung leben würde.

Dein Fazit: ____

Stell dir die Frage, wie du unterwegs bist

Bevor wir die ganze Welt verbessern und überall die beiden Tugenden verlangen können, gilt es, bei uns selbst zu beginnen. Probiere es einmal aus und überlege dir, welchen Menschen du mehr Dankbarkeit und Wertschätzung entgegenbringen kannst.

1.) ____

2.) ____

3.) ____

4.) ____

5.) ____

6.) ____

7.) ____

8.) ____

9.) ____

10.) ____

Wie fühlt sich das an? Bist du traurig, dass du die Menschen bisher nicht ausreichend wertgeschätzt hast, oder freust du dich darauf, das jetzt zu tun? Blicke nicht mit Reue zurück, sondern sei auch hier dankbar dafür, dass du dir das Buch gekauft hast, du es liest und du zu den Personen gehörst, die auch die Übungen umsetzen. Somit hast du dir und den Menschen die wundervolle Chance ermöglicht, jetzt etwas daran zu ändern und ab heute eine neue Wertschätzung an den Tag zu legen. Suche dir drei Personen aus, denen du noch heute einen Text zukommen lässt, die du anrufst oder die du besuchst, um ihnen deine Wertschätzung mitzuteilen und ihnen davon zu erzählen, welche Gefühle du bei den Gedanken daran, was sie alles für dich getan haben, hast.

1.) ____

2.) ____

3.) ____

Diese Personen kontaktierst du noch heute. Wenn es sich um Personen handelt, die du nicht kontaktieren kannst, denen du deinen besonderen Dank nicht per Telefon oder per Nachricht aus mitteilen willst oder die bereits tot sind, dann schreibe einen Brief. Einen Dankbarkeitsbrief zu schreiben, hat eine Intensität, die du dir kaum vorstellen kannst.

Eine wichtige Person hast du vermutlich vergessen. Wenn nicht, dann verzeihe mir bitte diese Annahme. Stehst du bei den Personen dabei? Wenn nein, dann habe ich mir das schon gedacht. Es ist leider „normal", dass wir uns selbst bei so etwas nicht aufzählen. Das wäre *arrogant* oder *eingebildet*, wenn ich mich selbst wertschätze, richtig? Eigenlob stinkt ja bekanntlich. So ein Bullsh*t! Eigenlob stimmt! Und genau deshalb schreibst du auch an dich selbst einen Brief, wofür du dir selbst dankbar bist.

Du schreibst alles hinein, was du bereits geleistet hast. Deine bisherigen Erfolge. Deine bisherigen Erfahrungen. Deine besondere Persönlichkeit. Besondere Gefühle, die du in anderen ausgelöst und Momente, die du für andere geschaffen hast. Für all das kannst du dankbar sein und schreibst es dir selbst daher in diesem Brief an dich.

Dein Fazit: ____

Nichts ist selbstverständlich

Fällt es dir noch schwer zu erkennen, was alles besonders ist in der Welt und womöglich vor allem an dir? Schau in den Spiegel! Gibt es dich so nochmal auf der Welt? Nein! Unmöglich! Nicht mal Zwillinge sind dieselben Personen. Du bist ein Unikat. Und was für eins! Viel zu selten machen wir uns bewusst, was wir bereits geleistet haben und wer wir eigentlich sind! Schreibe auf, was die bedeutendsten dir zuzuschreibenden Ergebnisse sind, die die Welt bisher gesehen hat.

1.) ____

2.) ____

3.) ____

4.) ____

5.) ____

6.) ____

7.) ____

8.) ____

9.) ____

10.) ____

Wenn dir noch keine zehn eingefallen sind, dann ist das leider normal. Genau darauf werden wir konditioniert und erzogen. Umgekehrt ist allein das Finden von zehn Punkten schon eine Glanzleistung, die du als elften Punkt aufführen könntest. Wenn du jetzt noch keine zehn gefunden hast, dann überlege dir mal, wem du im Leben schon geholfen hast, was du aufgebaut hast, welche sportlichen Erfolge du hattest, welche Abschlüsse du hast, wie oft du über dich hinausgewachsen bist und welche Erfahrungen und Veränderungen du bereits durchlebt hast. Dabei kommt irre viel zusammen. Solltest du immer noch nichts haben, dann finden wir gemeinsam die Punkte. Diese Übung habe ich schon oft mit Menschen gemacht, und bisher kam noch niemand, der nicht schon mindestens 30 Punkte hätte füllen können. Diese Herausforderung nehme ich gerne an.
Nimm die Energie aus diesen Ergebnissen mit und konkretisiere noch, wenn du bereits zehn gefunden hast, auf die drei intensivsten und für dich mächtigsten Ergebnisse.

1.) ____

2.) ____

3.) ____

Du bist genial und hier steht es. Welche Glanzleistungen. Etwas im Leben zu vollbringen, ist das Wundervollste, das wir Menschen tun können. Unser Potenzial zu nutzen und zu schaffen, grenzt schon ans Göttliche.

Die meisten wissen alles und können alles

Du bist ein Macher, und allein auf dieses Buch betrachtet hast du schon große Erfolge vorzuweisen, indem du gewissenhaft die

Übungen durchgezogen und damit bereits eine echte Veränderung erzeugt hast. Währenddessen sind die meisten Menschen so im Leben unterwegs, dass sie bereits alles wissen und können und dieses Buch vollkommen überflüssig ist. Sie wissen doch bereits alles, was hier steht. Genau so war ich auch lange Zeit. Ich weiß und kann doch schon alles. Schön. Wo sind deine Ergebnisse? Schon Goethe hat es wunderbar beschrieben:

**„Es ist nicht genug zu wissen,
man muss auch anwenden;
es ist nicht genug zu wollen,
man muss auch tun."**

Spätestens jetzt hast du hoffentlich ein schlechtes Gewissen, solltest du die Aufgaben nicht gewissenhaft erledigt haben. Das Buch hier ist nicht da, um stumpf dein Wissen zu erweitern, sodass du dann schlauer und dennoch genauso untätig bist. Es liegt an dir, die Methoden zu nutzen und wirklich etwas zu bewegen. Die meisten Menschen wissen alles und tun nichts. Sie sind Wissensriesen und Umsetzungszwerge. Ich pflege gerne zu sagen:

**„Als Umsetzungszwerg
hast du Zwergen-Ergebnisse.
Wenn du Riesen-Ergebnisse willst,
musst du ein Umsetzungsriese sein."**

Überlege dir, was du möchtest und ob es dafür reicht, zu wissen.

Dein Fazit: ____

Lass dir von jemandem helfen, der auch Ergebnisse erzielt

Um voranzukommen, musst du etwas tun. Frage dich, ob du weißt, was das ist oder ob du dir Unterstützung von außen holst. Ich persönlich hätte es ohne Hilfe weder in meiner Persönlichkeit noch im Business ansatzweise soweit gebracht. Mein Coach an meiner Seite hat alles verändert. Das Commitment ihm und vor allem mir selbst gegenüber, hat eine gigantische Veränderung angestoßen und die wertvollen Tipps und Fragen, die ich immer wieder bekomme, helfen mir, immer näher zum Kern zu kommen und immer erfolgreicher zu sein. Für mich waren dabei zwei Dinge wichtig.

Erstens ist mir bei der Zusammenarbeit mit Menschen immer wichtig, dass ich gut mit ihnen kann und die Zusammenarbeit Spaß macht. Spaß ist einer meiner höchsten Werte und daher würde es ohne ihn nicht gehen. Außerdem sollte die andere Person dich ja verstehen können, und das geht am besten, wenn man gut harmoniert.

Gleichzeitig sollte ein Coach auch Klartext reden und dich immer wieder aus der Komfortzone holen. Das geht in meiner Welt nur, wenn ein Coach selbst auch Dinge durchlebt hat und nichts von dir verlangt, was er nicht auch bereit wäre oder im besten Fall bereit war, zu tun. Hole dir also Hilfe von jemandem, der selbst Ergebnisse und eine Veränderung vorzuweisen hat und der im besten Fall auch bereits anderen Kunden bei einem Problem geholfen hat.

Mache dir klar, was du erwartest und kommuniziere das offen. Ich hatte schon den Fall, dass ein Coachee fantasiert und somit Erwartungen hatte, Probleme zu lösen, von denen ich nichts wusste und ich somit auch keine Chance hatte. Egal, wen du dir also an die Seite holst, suche jemanden, der dich individuell betreut und mit dem du offen sprechen kannst. Ein Coach, der nur digitale „Mentoring“ Programme hat und in dessen Calls 50 Leute sitzen, die zum Großteil Wissen vermittelt bekommen, ist kein Coach. Die Rolle des Coaches bedeutet immer individuelle Arbeit! Lass dich nicht mit Wissen abspeisen, sondern fordere tiefgreifende Veränderungsprozesse ein.

Die buchstabengetreue Umsetzung

Wenn du dir Unterstützung von außen holst, dann ist das ein großer und wichtiger Schritt in Richtung Erfolg. Dennoch ist es damit nicht getan. Ich erlebe immer wieder Menschen, die sich coachen lassen und dann Wunder erwarten. Ohne, dass du die Dinge auch umsetzt, die ein Außenstehender dir sagt, kannst du nicht die Ergebnisse erwarten, die du dir versprichst. Wenn du einen Teil davon umsetzt, dann wird womöglich auch ein Teil der Ergebnisse kommen. Wenn du Pech hast, kommt nichts.

„Erfolg ist keine Tür, sondern eine Treppe."

Ein Coach zeigt dir diese Treppe, und wenn er besonders gut ist, auch die einzelnen Treppenstufen. Was er nie tun kann und wird, ist, dich die Stufen hochzutragen. Du musst schon selbst einen Fuß vor den anderen setzen und die Treppe erklimmen. Wenn du eine Stufe auslässt, ist es um ein Vielfaches schwieriger, die nächste Stufe zu nehmen. Versuchst du direkt mehrere Stufen zu überspringen, fällst du womöglich hin und kullerst die Treppe direkt wieder herunter. Setze die Dinge, die dein Coach dir sagt, buchstabengetreu um. Hierfür ist es wichtig, dass du volles Vertrauen hast und dir sicher bist, dass dein Coach in deinem Sinne und mit einer positiven Absicht handelt. Wenn du dir sicher bist, dann pack dein Ego und deine Ängste weg und setze die Dinge buchstabengetreu um. Du wirst sehen, dass dich genau das zum gewünschten und erträumten Ergebnis führt, das du selbst womöglich nicht für möglich gehalten hast und nur dein Coach dir gesagt hat, dass es geht.

Die Extrameile der Wertschätzung gehen

Hast du schon mal eine Dienstleistung gebucht und hast weniger bekommen, als du gebucht hast? Das passiert ständig, oder? Viele achten nicht darauf, was sie ihren Kunden versprechen und bieten dann zu wenig. Das Resultat ist, dass du enttäuscht bist und nicht mehr wiederkommst, geschweige denn, die

Dienstleistung oder das Produkt weiterempfiehlst. Was passiert jedoch, wenn du ein Dienstleistungsversprechen bekommst und der Dienstleister liefert mehr als versprochen? Du bist überglücklich, bedankst dich und empfiehlst ihn an jeden weiter, der nach einer solchen Dienstleistung fragt, richtig? So ist es immer im Leben. Die Extrameile zu gehen, bewirkt, dass du auch wieder mehr vom Leben zurückbekommst. Ebenso ist es interessanterweise auch aus Kundensicht.

Hast du in einem Hotel schon mal dem Zimmermädchen oder im Restaurant dem Kellner ein außerordentliches Trinkgeld gegeben? Die Reaktion ist verblüffend. Die Menschen wissen oft nichts damit anzufangen, und wenn du wiederkommst, dann erinnern sie sich sofort an dich und kommen dir - oft sogar ohne Erwartungen auf mehr - mit einer besonderen Freude und Wertschätzung entgegen. Der Service steigert sich. So gibt es auch riesige Unterschiede bei Kundenbeziehungen im Coaching-Bereich. Einige Coachees erwarten Spitzenleistungen, da sie bezahlt haben und das ist alles. Es folgt wenig Wertschätzung vom Coachee, da er ja bezahlt hat und der andere leisten muss. Was glaubt ihr, wie ein Coach darauf reagiert? Wird er für diesen Coachee die Extrameile gehen? Wie verändert sich die Situation, wenn ein Coachee absolute Dankbarkeit zeigt und immer wieder wertschätzend ist?

Ich bin Daniel so sehr dankbar für meine Entwicklung und für alles, was er bereits für mich getan hat, dass das für mich nicht in Geld aufzuwiegen ist. Wertschätzung ist eine viel größere Währung als Geld, und sie ist für den Einzelnen sogar noch einfacher zu produzieren. Nutze diese Fülle und verteile großzügig Wertschätzung an die Menschen, die es deiner Meinung nach verdient haben.

Dein Fazit: ______________________________________

Der Erfolg kommt von allein

Bist du wertschätzend unterwegs und hast ein funktionierendes System, dann sind schon viele Grundvoraussetzungen unterwegs. Neben einem kleinen Ego und einigen anderen weiteren wichtigen Faktoren, ist vor allem dein Selbstwert mit entscheidend.

„Biete Mehrwert, und du wirst mehr wert."

Wenn du so unterwegs bist und Mehrwert stiftest, dann kommt der Erfolg von ganz allein.
Jetzt gilt es also herauszufinden, mit was du den Menschen Mehrwert bieten kannst.

	Dein Mehrwert	Warum?
1.)	______________________	____________
2.)	______________________	____________
3.)	______________________	____________
4.)	______________________	____________
5.)	______________________	____________

6.) ______________________________ _______________

7.) ______________________________ _______________

8.) ______________________________ _______________

9.) ______________________________ _______________

10.) _____________________________ _______________

Du kannst mit so vielem anderen einen Mehrwert bieten. Ist das nicht wundervoll? Wenn du diese Kraft verstehst und siehst, was in dir steckt, dann bist du bereit für deinen Erfolg. Da der Fokus auf ein Thema dort eine große Energie liefert, ist es wichtig, deine Möglichkeiten, Mehrwert zu bieten, noch näher zu betrachten und zu filtern, wo der größte Mehrwert liegt. Was sind die Themengebiete, in denen du anderen am besten helfen kannst und womit du die größten Veränderungen in der Welt schaffst?

Dein Mehrwert Warum?

1.) ______________________________ _______________

2.) ______________________________ _______________

3.) ______________________________ _______________

Eine Meisterleistung an Mehrwerten. Sofern du die Übung gewissenhaft gemacht hast, kannst du anderen Menschen mit diesen gefilterten Mehrwerten galaktisch gut helfen. Um dich und andere nicht zu überfordern, fokussiere dich zu Beginn auf einen Mehrwert und biete diesen an.

Dein Mehrwert Warum?

1.) ________________________________ ________________

Sobald du hier noch mehr Routine hast und den ersten Menschen nachweislich geholfen hast, kannst du dich an weitere Mehrwerte wenden und diese aufbauen, um Menschen voranzubringen. Wenn du das in Gänze durchziehst, hast du deine ersten laufenden Unternehmen und bereits große Schritte zu deinem persönlichen Erfolg getan.

Hast du die Wichtigkeit und die Kraft von Dankbarkeit und Wertschätzung für dich erkannt? Was konntest du besonders für dich mitnehmen? Bist du wieder einen Schritt weitergekommen auf dem Weg zu deinem entscheidenden Leben? Was war das für dich größte Learning in diesem Kapitel? Schreibe es auf und implementiere es direkt in deine Welt.

Dein Goldnugget:

____

Außerhalb der Norm

Als Mensch, der sein Potenzial entfalten und kein ganz normales „nine-to-five“ Leben führen möchte, gilt es, sich auch dementsprechend anders zu verhalten. Ein Leben außerhalb der Norm fordert auch Handeln außerhalb der Norm. Anders als der Normale brauchst du Ziele. In der Norm der Gesellschaft hat man keine Ziele, sondern maximal Wünsche und Träume. Du brauchst Disziplin und Durchhaltevermögen, denn nur wenn du durchhältst, kommst du auch zum Vermögen. Urlaub ist für dich ein Fremdwort, denn in der Aufbauphase hast du tendenziell weniger Ruhephasen, und danach brauchst du nie wieder Urlaub. Von was denn? Du hast bereits lebenslangen Urlaub von der Normalität. Das ist das Schönste, was du haben kannst. Außerhalb der Norm liegt die Freiheit. Die Freiheit, dein eigenes Leben so zu gestalten, wie du es dir für dich wünschst.

Bist du bereit, die Extrameile zu gehen?

Im Laufe des Schreibprozesses zu diesem Buch ist mir wieder mal eine wunderschöne Erkenntnis zugeflogen.

**„Wenn du zu den 1 Prozent gehören willst,
die außerhalb der Norm leben,
dann musst du bereit sein, die Dinge zu tun,
die die anderen 99 Prozent nicht tun.“**

Bist du bereit dazu? Bist du bereit, dich parallel zu deinem Studium, deinem Job oder deinem Elternsein noch mit dir und deinen Zielen zu befassen? Hast du den starken Antrieb dazu, die Extrameile zu gehen und alles zu geben, was notwendig ist, um deine Ziele zu erreichen?

Es ist wichtig, sich dessen von Beginn an bewusst zu sein und nicht zu denken, alles komme von allein. Dann wirst du nämlich während des Prozesses unglücklich und verzweifelst daran. Mir war von Anfang an klar, dass es kein „Schnell-Reich-Werde-System" gibt, bei dem du binnen einer Woche finanziell frei bist und nie wieder arbeiten musst. Mir war nur nicht bewusst, wie lange es dauern wird, um dorthin zu kommen, wo ich hinwill. Zu Beginn meiner Selbstständigkeit hatte ich noch einen klassischen 40-Stunden-Job parallel und habe dazu weitere 40 Stunden für meine Selbstständigkeit gearbeitet. Am Wochenende habe ich dann zumeist Zeit mit meiner damals zweiköpfigen Familie verbracht. Wäre ich allein gewesen, hätte ich auch diese Zeit genutzt, um weiter Gas zu geben und voranzukommen. Die noch hinzukommenden 10 bis 20 Stunden am Wochenende hätten einen immensen Einfluss auf meinen schnelleren Erfolg gehabt. Habe eine klare Vorstellung dessen, was zu tun ist, wenn du ein Leben außerhalb der Norm möchtest.

Dein Fazit: ____

Wiederholung ist die Mutter allen Lernens

Zu wissen allein reicht noch nicht, um etwas zu erreichen. Ja, in der Schule oder anderen theoretischen Bereichen, wie manchen Forschungsbereichen, die wenig mit dem Leben zu tun haben, reicht reines Wissen aus. Ohne die wirkliche Anwendung von Wissen kommt keine Veränderung zustande. Wenn du also schon alles weißt und kannst, dann ist das nett. Nett ist übrigens die kleine Schwester von … nehmen wir mal an, du weißt, wie das Sprichwort weitergeht. Solange du nicht bereits erfolgreich bist und alles Gelernte anwendest, ist es essenziell, sich immer wieder die gelernten Dinge vor Augen zu führen. Wichtig ist dabei, dass es sich um umsetzungsorientiertes Wissen handelt, das du dir immer wieder zuführst. Theoretisches Wissen ist nett und mag seinen Sinn haben, bringt dir allerdings für dein weiterführendes Leben recht wenig. Außer du strebst an, einen überdurchschnittlich gut bezahlten, normalen Job und damit ein leicht überdurchschnittlich gutes Leben in einem vergoldeten, bzw. eher versilberten Hamsterrad zu leben.

Solltest du die Ambitionen haben, wirklich entscheidend zu leben, dann führt in meiner Welt kein Weg daran vorbei, dich permanent weiterzuentwickeln. Für mich geht das am besten auf Seminaren und durch Coaching. Das Umfeld, das dort entsteht, führt dich auf deinem Erfolgsweg weiter nach oben. Die Energie, die du mitnehmen kannst, ist gigantisch. Wichtig ist auch hier, dass es kein Wissensseminar ist, von denen es so viele gibt. Es sollte ein coachingnahes Seminar sein. Das heißt, dass auch bereits ein Einsteiger-Seminar sehr individuell und persönlich, wie auch umsetzungsorientiert und interaktiv sein sollte. Eine feste Agenda, deren Ziel es ist, mit Powerpoints möglichst viel Wissen in die Köpfe zu kriegen, hattest du doch bereits in der Schule, Ausbildung oder Uni. Du weißt bereits, wie viel dir das für dein Traumleben gebracht hat. Besuche also Seminare, die diese Kriterien erfüllen, denn dort ist auch die höchste Dichte an Menschen, die ähnlich ticken. Menschen, die viel wollen, gibt es viele. Von denen, die auch bereit sind, etwas dafür zu tun, eher weniger. Wenn du bereit bist, ein Commitment für deinen Erfolg einzugehen, dann kann ich dir auch aus eigener Erfahrung empfehlen, dir einen passenden Coach zu suchen, statt nur Bücher zu lesen und darauf zu warten, dass der Erfolg eintritt.

Dein Fazit: ____

Tiefe Verankerung

Oberflächliche Veränderungen sind schön und gut, doch sie bringen maximal kurzfristig etwas. Um langfristige Veränderungen zu implementieren, reicht es nicht aus, an der Oberfläche zu kratzen. Du benötigst eine tiefe Verankerung der gelernten Inhalte. Durch tiefe Verankerung kannst du beispielsweise limitierende Glaubenssätze aufbrechen und somit die Basis für eine gigantische Veränderung legen. Ohne die bestehenden Glaubenssätze und damit vorhandene Limitierungen aufzuheben, ist es nicht möglich, weit zu kommen. Doch wie ist eine solche Verankerung möglich?

Einerseits durch permanente Wiederholung der Informationen. Wenn du etwas wieder und wieder hörst, dann brennt es sich in dein Unterbewusstsein ein, und du fängst an, es zu glauben. Genau so entstehen Glaubenssätze. Mithilfe tiefer Verankerung schaffst du dir also deine eigenen Glaubenssätze und kannst dir aussuchen, welche Glaubenssätze du möchtest. Das klingt zu schön, um wahr zu sein, oder? Ist es auch. Ganz so einfach ist es dann doch nicht. Zumindest nicht ganz. Grundsätzlich funktioniert es. Wichtig ist jedoch, dass du es noch durch eine klare Umsetzung weiter festigst.

Informationen zu wiederholen, ist eine Sache. Taten zu wiederholen, ist für den eigenen Körper und den Geist eine noch ganz andere. Deshalb fällt es uns auch nicht so leicht, mit Gewohnheiten aufzuhören. Eine Gewohnheit aufzulösen, ist ähnlich, wie einen Glaubenssatz aufzulösen. Wir haben uns ein Muster oft über Jahre oder Jahrzehnte antrainiert und diese binnen Minuten ändern zu wollen, scheint unmöglich. Doch es geht. Durch ständige Wiederholung und bestimmte Techniken können tief verankerte Mechanismen aufgelöst und ausgetauscht werden.
Bist du bereit, die dafür notwendigen Schritte zu gehen? Bist du bereit, immer tiefer zu ankern? Bist du bereit, dich dabei leiten zu lassen? Bist du bereit, Zeit zu investieren?

Dein Fazit: ____________________________________

Wenn du Außerordentliches haben und erleben möchtest, dann musst du auch Außerordentliches tun

Kennst du Menschen, die davon schwärmen, ein bestimmtes Auto zu fahren, ihr Traumhaus zu bauen oder noch größere Vorhaben zu starten? Kennst du Menschen, die finanzielle Freiheit anstreben? Leider wissen die wenigsten, was das überhaupt bedeutet. Finanzielle Freiheit ist keineswegs für jeden Menschen gleich. Es ist individuell an deinen gewünschten Lebensstandard ausgerichtet und bestimmt sich durch die Summe aller Kosten, die dein Traumleben monatlich kostet. Wenn du diese Kosten durch Einnahmen aus „passiven Geldquellen" decken kannst, dann bist du finanziell frei. Viele sprechen davon, dass sie diesen Zustand anstreben. Doch was braucht es, um wirklich finanziell frei zu sein? Nie wieder arbeiten zu müssen, klingt verlockend, jedoch wird oft vergessen, dass im Vorfeld einiges zu leisten ist, um sich eine solch luxuriöse Lebenssituation leisten zu können.

Einer der größten Leitsätze, die ich von meinem ehemaligen Mentor Ernst Crameri übernommen habe, lautet:

„Was darf ich leisten, damit ich es mir leisten kann?"

Das darfst du dich immer wieder fragen. Und um sich finanzielle Freiheit auf Dauer leisten zu können, darfst du einiges im Vorfeld leisten. Klingt logisch, oder? Ist es auch. Es gibt natürlich Ausnahmen in Form von Lottogewinnen, großem Erbe oder anderen Formen des schnellen Geldes. Zumeist sind die Menschen jedoch nicht bereit für solche Geldsummen, und das Geld ist schneller weg, als du „Lamborghini mit Flügeltüren" sagen kannst. Mit Geld ist es wie mit Fähigkeiten in Superhelden-Filmen. Wenn du mit der Energie noch nicht umgehen kannst und du noch nicht bereit dafür bist, dann kannst du alles kaputt machen. Lerne erst für dich, die Energie zu spüren, zu nutzen und zu kontrollieren. Ein kontrollierter Umgang mit Geld ist essenziell. Solltest du nicht das Glück haben, dass Geld vom Himmel fällt, dann musst du ohnehin etwas dafür tun. Und für viel Geld musst du viel tun.

Dein Fazit: ______________________________________

Dir muss klar sein, was du willst

Es ist immer eine Frage der Prioritäten. Ist es dir wichtig, jetzt ein entspanntes, ruhiges und normales Leben zu führen, oder willst du später ein Leben außerhalb der Norm führen? Vielleicht hast du jetzt das „Ja aber" im Kopf, dass du doch jetzt jung bist und nur einmal lebst. Das ist beides richtig. Später heißt nicht, dass du erst mit 60 anfangen kannst, dir schöne Dinge zu kaufen, eine Familie zu gründen, deine Traumreisen zu machen und dir alles zu leisten, wovon du immer geträumt hast. Wieso nicht in zwei bis fünf Jahren soweit sein? Mit den richtigen Systemen und dem nötigen Commitment bist du innerhalb kürzester Zeit weit außerhalb der Norm und kannst dein Leben in vollen Zügen genießen. Gleichzeitig ist es ratsam, einfach beides miteinander zu verbinden. Wieso warten, ein schönes Leben zu haben, wenn es sich so einfach kombinieren lässt? Wenn du einen Weg findest, deinem Herzensthema nachzugehen und damit Geld zu verdienen, dann kannst du dein Traumleben schon während der Aufbauphase leben. Wenn du gerne reist, dann suche dir einen Weg, Geld zu verdienen, bei dem du reisen kannst. Wenn du gerne künstlerisch tätig bist, dann finde Wege, deine Kreativität zu vermarkten. Wenn du gerne mit Menschen zusammen bist, dann hast du schon die besten Grundvoraussetzungen für hervorragend bezahlte Tätigkeiten. Wenn du schöne Immobilien spannend findest, dann herzlichen Glückwunsch. Daraus kannst du buchstäblich Gold machen. Egal, für was du brennst, es gibt Wege, das zu deiner Tätigkeit zu machen. Finde jemanden, der dir zeigt wie.

Ich habe schon viele Menschen ihr Talente entdecken sehen und gesehen, was daraus in kürzester Zeit entstanden ist. Gigantisch!

Dein Fazit: ________________________________

Es gibt keine Limits

In der Realität existieren kaum Limits. Es gibt Naturgesetze wie die Schwerkraft und das Finanzamt. Darüber hinaus gibt es auch noch die Gesetze des Staats und gewisse Regeln, an die du dich halten darfst. Wirkliche Blockaden gibt es kaum. Zumindest nicht in der wirklichen Welt. Es gibt einen Ort, der möglicherweise voller Blockaden ist und der deine Welt bestimmt. Du entscheidest, ob du bereit bist, diesen Ort zu verändern und die Blockaden aus dem Weg zu räumen. Na, rate mal, welcher Ort das ist? Du! Du bist der Ort. In deinem Kopf sind möglicherweise tausende „wenn-und-aber's", Blockaden und sonstige Hindernisse, die dich ausbremsen oder im schlimmsten Fall sogar von deinem Weg abbringen. Solltest du dich bereits stark mit dir auseinandergesetzt haben, dann sind es weitaus weniger Blockaden.

Wo siehst du deine stärksten Blockaden? Was hält dich davon ab, dass du noch nicht da bist, wo du hinwillst?

	Deine Blockade	Warum?
1.)	____________________	__________
2.)	____________________	__________
3.)	____________________	__________
4.)	____________________	__________
5.)	____________________	__________

6.) ______________________________ ___________

7.) ______________________________ ___________

8.) ______________________________ ___________

9.) ______________________________ ___________

10.) _____________________________ ___________

Irre, welche Blockaden wir uns selbst inszenieren und uns somit von unserem Erfolgsweg abhalten. Was hat die Übung mit dir gemacht? Ich fand es verrückt, als mir klar wurde, wie sehr ich mich selbst sabotiert und blockiert habe und wie mich mein eigener Kopf zurückgehalten hat. Sei schlau und löse deine Blockaden schnell auf. Mir hat es enorm geholfen, dass jemand von außen auf meine Blockaden schaut, mir diese klar aufzeigt und mir verdeutlicht, dass es nur in meinem Kopf so ist. Für mich schien es Realität zu sein, da es sich in meinem Kopf natürlich bereits so stark manifestiert hat. Was ein Prozess, hierbei Hilfe zuzulassen und die Erkenntnis zu bekommen, welche Möglichkeiten durch das Auflösen der Blockaden entstehen. Räume deine Blockaden schleunigst aus dem Weg und du wirst sehen, was plötzlich in deinem Leben geschieht.

Dein Fazit: ____________________________________

Die Kraft der Visualisierung

Hast du deine Blockaden gelöst, hast du einen offenen Geist. Jetzt gilt es, diesen zu befüllen. Mit was füllst du täglich deinen Kopf? Dürfen Nachrichten und anderer Bullsh*t dein Gemüt trüben und deine Gedanken verunreinigen? Oder bist du auf dem besten Weg, deinen Kopf immer wieder mit positiven und inspirierenden Neuigkeiten, Sprüchen, Mantras und Informationen zu füllen? Lass dir gesagt sein, es ist kaum vorstellbar, wie wertvoll unsere Vorstellungskraft ist. Walt Disney hat es treffend zusammengefasst.

**„If you can dream it,
you can do it."**

Wenn du es dir vorstellen kannst, dann kannst du es auch tun. Das ist die Macht der Vorstellungskraft, bzw. die Kraft der Visualisierung. Visualisiere dir immer wieder deine Ziele und male dir vor deinem inneren Auge so genau wie möglich aus, wie genau der Moment der Erreichung aussieht. Je klarer und detaillierter du hierbei bist, desto wahrscheinlicher wird die Erreichung. Wenn du es in deinem Kopf schon hunderte Male erreicht hast, dann ist es Realität. Du hast es ja schließlich gesehen, oder?

„Vorstellungskraft schafft Wirklichkeit."

Wichtig ist, dass du es dir nicht nur einmal vorstellst, sondern es immer und immer wieder durchlebst. Wenn du ein Routinemensch bist und gerne von Morgenroutine zu Vormittagsritual bis hin zur Abendroutine routinierst, dann baue es dir dort irgendwo ein. Mindestens einmal täglich, fünf bis zehn Minuten deine Ziele klar zu visualisieren, kann Wunder bewirken.

Dein Fazit: ____

Eine Reise in neue Welten

Die stärkste Form von Visualisierung ist das tatsächliche Tun. Das bedeutet, dass du dich immer wieder in Situationen begibst, die deinem Traumleben, bzw. deinem Zielbild entsprechen. Wenn dein Ziel ist, ein entscheidendes Leben zu leben, in dem Luxus eine gewisse Rolle spielt, dann ist es relativ einfach, sich immer wieder hineinzuversetzen. Hole dir immer wieder Erlebnisse, die du mit deinem Zielbild verbindest und ankere damit in deinem Unterbewusstsein. Im VIP-Coaching mache ich das immer wieder mit meinen Kunden. Ein Blick in eine neue Welt. Vielen ist es fremd, mit einer Limousine abgeholt zu werden, statt mit einem Taxi zu fahren. In einem 5-Sterne Hotel über den Dächern zu essen oder im Pool an sich zu arbeiten. Das sind Prozesse, die gepaart mit den wundervollen neuen Welten und den magischen Orten Veränderungen schaffen, die anders kaum möglich wären.

Tauche auch du immer wieder in deine zukünftige Welt ein, so wie du sie dir vorstellst. Wenn du es mit einem geschäftlichen Grund verbindest, dann gibt es eventuell sogar eine Möglichkeit, das steuerlich geltend zu machen. Details musst du allerdings mit deinem Steuerberater abstimmen, denn ich darf dir selbstverständlich keine Tipps geben oder dich auch nur ansatzweise beraten und werde mich davor auch hüten! Wozu ich dir aber, ohne mit der Wimper zu zucken, rate, ist, ins Tun zu kommen, um dir den Blick in deine neue Welt leisten zu können. Glaube mir, dabei handelt es sich – wenn du bereit bist, auch wirklich deinen Ar**h zu bewegen und umzusetzen – um eins der besten Investments in dich und deine Zukunft, die du tätigen kannst. Wenn du es noch mit einem Coaching verbindest, dann schaffen diese Verankerungen einen Umsetzungstrieb und eine Veränderungswelle, die unvorstellbar ist und mir immer wieder Gänsehaut beschert.

Dein Fazit: ____

Der Hang zur Übertreibung

In meinen 17.412 Coachingstunden habe ich eines gelernt: Erfolgreiche Menschen haben einen Hang zur Übertreibung. Sowohl in der Außendarstellung als auch beim Setzen neuer Ziele, solltest du klar in die Übertreibung gehen. Vorsicht! Das heißt nicht, dass du nach außen als Großkotz auftrittst oder falsche Ergebnisse promotest, was wiederum leider sehr viele machen. Es geht dabei darum, dass du im Außen mit Humor in die Übertreibung gehst und im Inneren dir selbst und deinem Geist neue Herausforderungen schaffst. Oft trauen wir uns nicht, weil wir von der Gesellschaft zum Kleindenken (v)erzogen wurden. Immer wurde uns gesagt, wir sollen nicht übertreiben und „die Kirche im Dorf lassen". Dann lass die Kirche im Dorf und nimm gleich das ganze Dorf mit! Sei locker und bereit, außerhalb der Norm zu leben, wenn du das möchtest. Es gibt hier keine Limits, denn sonst wäre es ja innerhalb der Norm.

Dein Fazit: ______________________________________

Du machst Dinge, die andere für ungesund halten

Immer wieder kommen Leute zu mir und versuchen mir vorzuschreiben, wie viel Schlaf ich brauche, dass es doch nicht gut ist, so viel zu arbeiten oder dass ich jetzt noch jung sei und sich später alles räche. Was soll sich genau rächen? Dass ich meiner Passion nachgegangen bin und mit einem Lächeln nachts um zwei noch an diesem Buch schreibe? Dass du durch diese Extrameile die Chance hast, all meine Emotionen in diesem Buch verpackt zu bekommen und dieses Werk lesen zu können? Was soll sich daran genau rächen? Bestimmt lebe ich nicht in dem gesündesten Lebensstil, und es mag sein, dass es für den Biorhythmus gesünder wäre, eine viertel Stunde früher zu essen, zwei Stunden früher schlafen zu gehen und 37 Minuten früher aufzustehen. Interessiert mich das, wenn ich, so wie es ist, glücklich bin? Lass dir nichts vorschreiben. Es ist dein Leben, und du triffst die Entscheidungen. Schließlich musst du auch mit den Konsequenzen leben, oder leben die anderen mit den Konsequenzen deines Handelns? Was gesund ist und was nicht, ist ohnehin größtenteils individuell. Wichtig ist, dass du ein Leben führst, auf das du stolz bist, wenn du später auf dem Sterbebett liegst.

Pass bitte ganz genau auf, was Menschen dir sagen und sei immer klar und deutlich in deiner Kommunikation, wenn es darum geht, dass jemand drauf und dran ist, dir einen Glaubenssatz zu implementieren. Den meisten Menschen ist nicht einmal bewusst, was sie mit einigen ihrer Aussagen alles verzapfen. Sei du dir bewusst, und lasse keine negativen Einflüsse zu.

Dein Fazit: ____

Du bist erst am Ziel, wenn alle dich für verrückt erklären

Wenn du wirklich ein entscheidendes Leben außerhalb der Norm führen willst, dann musst du bereit sein für den Moment, dass alle Menschen deines alten Umfelds dich für verrückt erklären. Wie oft musste ich mir- meistens über Dritte oder online und dann auch noch in der Regel von Menschen, die entweder kein Profilbild oder wahlweise eine Blume oder einen Hund als Profilbild haben - schon anhören, dass ich nicht mehr normal sei. Ein Glück! Genau das ist schließlich mein Ziel. Nicht mehr normal und verrückt zu sein ist mittlerweile ein riesengroßes Kompliment für mich, und ich bedanke mich von Herzen dafür. Was bedeutet denn „verrückt sein", wenn man sich das Wort genau anschaut? Wenn du „ver-rückt" bist, dann bist du von deiner ursprünglichen, normalen Position verrückt. Wie du auch eine Figur beim Schach verrückst, so bist auch du verrückt. Verrückt von der Normalität. Du führst also ein verrücktes Leben. Spannend, oder?!

Lass dir also gesagt sein, dass es dazu gehört, sich für verrückt erklären zu lassen und Menschen aus dem alten Umfeld vor den Kopf zu stoßen. Beachte bitte immer, dass du niemals jemanden persönlich beleidigen solltest. Alles, was du tust, sollte zum Wohle aller sein, und in der Regel ist auch das Wohl des Einzelnen automatisch das Wohl aller. Viele Konsequenzen, die erstmal unfair oder unmenschlich erscheinen, sind am Ende für das Wohl des Täters, da er die Chance hat, seine Taten zu erkennen und somit eine Chance auf Veränderung bekommt. Sei auf deinem Weg also völlig entspannt, wenn Ablehnung kommt und du als verrückt bezeichnet wirst.

Du weißt jetzt, was ein Leben außerhalb der Norm bedeutet und hast eine großartige Grundlage für weitere Entscheidungen. Was ist deine besondere Top-Erkenntnis aus diesem Kapitel, und wie veränderst du deinen Alltag?

Dein Goldnugget:

Jetzt ist es deine Entscheidung

Abschließend stellt sich die große Frage: Setzt du die Dinge um, oder legst du das Buch beiseite und machst so weiter wie gehabt? Bist du bereit, eine wirkliche Veränderung in deinem Leben zu erwirken, oder fühlst du dich doch eigentlich recht wohl, da, wo du gerade bist? Frage dich einfach, was du willst und wozu du bereit bist. Es ist am Ende immer deine Verantwortung, und es sind deine ganz persönlichen Entscheidungen. Schließlich ist es dein Leben. Du musst die Konsequenzen tragen und hast dich noch dein Leben lang an der Backe. Bis zum Tod wirst du dich selbst nicht los. Entscheide dich, wie du am Ende auf alles Erlebte zurückblicken und was du in der Zwischenzeit dafür tun möchtest.

Willst du wirklich ganz an die Spitze, oder was ist dein Ziel?

Es ist leicht gesagt, dass du etwas Bestimmtes willst. Es ist leicht, einen Lebensstandard zu erträumen und schöne Vorstellungen zu haben. Willst du diese Vorstellungen auch Wirklichkeit werden lassen? Bist du dir sicher? Willst du an die Spitze und vorne dabei sein oder reicht es dir, doch im vorderen Drittel zu sein? Soll dein Leben ganz ok, gut, schön oder galaktisch großartig sein? Es liegt in deinen Händen. Gewinne Tag für Tag die neue Klarheit, wo du dich siehst und was du möchtest. Es ist keine Zeit mehr, im Dunkeln zu tappen und vor dich hinzuirren. Heute ist der Tag der Entscheidungen. Heute ist dein Tag. Nicht morgen, nicht übermorgen, sondern heute. Beschreibe dein erstrebtes Leben, so, wie du es dir vorstellst und es wirklich willst. Keine Spinnereien mehr. Kein „Es wäre schön, wenn …“, sondern Klartext, wo die Reise hingehen soll. So genau wie möglich. Führe zehn Aspekte deines Wunschlebens auf und sei dir dabei der Konsequenzen bewusst.

Deine Aspekte	Warum?
1.) ______________________________	____________
2.) ______________________________	____________
3.) ______________________________	____________
4.) ______________________________	____________
5.) ______________________________	____________
6.) ______________________________	____________
7.) ______________________________	____________
8.) ______________________________	____________
9.) ______________________________	____________
10.) ______________________________	____________

Wenn du noch nicht vollständig klar bist, dann ist das nicht schlimm. Du befindest dich auf deinem Weg. Wichtig ist, dass du dich auf dem Weg befindest und niemals aufhörst, klarer zu werden und deine Klarheit zu finden.

Dein Fazit: ____________________________________

Du musst absolut bereit sein, alles dafür zu tun

Der Weg zur Klarheit kann hart sein, und es kommen Aufgaben und Herausforderungen, die du nicht gutheißt und nicht erledigen möchtest. Immer wieder aus der Komfortzone zu treten, ist nicht für jeden leicht. Bist du bereit, die Herausforderung anzunehmen und immer wieder die Komfortzone zu verlassen? Auch auf meinem Weg waren immer wieder neue Hindernisse zu überwinden, und es kommen täglich neue. Sei bereit, Schmerzen in Kauf zu nehmen, um deinem großen Ziel Schritt für Schritt näherzukommen. Es gibt Phasen, in denen du kaum schläfst. Es kann sein, dass dein Körper sich verformt und du über einen gewissen Zeitraum durch die äußere Unzufriedenheit zu deinem wahren Kern kommen darfst. Eine Herausforderung jagt die nächste, und du entscheidest, ob du bereit bist, sie anzunehmen oder ob du aufgibst und liegen bleibst. Sei also bereit, alles für deine Ziele in Kauf zu nehmen und deine volle Stärke auszuleben. Wenn du nicht an die Spitze möchtest, musst du auch weniger aushalten und weniger dafür tun. Das ist vollkommen ok. Solltest du jedoch wirklich ganz nach oben wollen, dann sei bereit, auch die ganz unangenehmen Dinge zu tun.

„Lieber zwei Jahre Dreck fressen
und ein Leben lang Champagner trinken,
als ein Leben lang Dreck zu fressen."

Dieses Zitat von Ernst Crameri meint, dass du lieber einige Jahre Vollgas gibst und einige Dinge rechts und links liegen lässt, dafür aber ein herausragendes Leben führst, als ein Leben lang nicht frei zu sein und somit quasi Dreck zu fressen.

Daniel hat mir einmal etwas Wunderschönes gesagt, als ich nicht verstanden habe, warum ich alle meine Freiheiten opfern solle, um Freiheit zu erlangen. Er sagte:

„Du gibst kurzfristig deine Freizeit,
um langfristig in Freiheit zu leben."

Das hat mir eine enorme Kraft gegeben, um immer wieder im Aufbau zu verzichten und langfristig an die absolute Freiheit zu denken.

Dein Fazit: ______________________________________

Lass dich von nichts und niemandem aufhalten

Auch wenn es sehr unangenehm wird, machst du immer weiter. Es begegnen dir womöglich Herausforderungen, die du so nicht vorhersehen konntest und die dich aus der Bahn werfen. Doch dich kann nichts und niemand aufhalten. Du lässt dir von niemandem reinreden, den du nicht aktiv danach fragst. Du holst dir nur Unterstützung von den Menschen, die dir Gutes wollen und die dich fördern. Du hast deinen Schweinehund und dein Ego entweder im Griff oder sogar getötet und gehst deinen Weg, ohne dass die beiden dich permanent wieder runterziehen. Du lässt dich nicht von inneren Zweifeln aufhalten und deine limitierenden Glaubenssätze hast du durch Erfolgsglaubenssätze ausgetauscht. Dich kann nichts und niemand aufhalten.

Was macht das mit dir? Spürst du es? Spürst du die Kraft, die von deinem unaufhaltbaren Wesen ausgeht?

Dein Fazit: ______________________________________

Auch nicht von deinem alten Umfeld

Es gibt immer Menschen, die es versuchen. Es gibt Menschen, die panisch versuchen, dich von deinem Weg abzubringen. Sie heucheln dir vor, dass sie sich um dich, dein Wohlergehen, deinen Gemütszustand, deine Gesundheit, deinen Körper, deinen Geist, dein Herz und weiß Gott was alles sorgen. Dabei geht es den meisten ehrlicherweise in der Regel um sich selbst. Wenn wir uns vorgaukeln, dass wir uns um andere Sorgen machen und zu deren Vorteil entscheiden würden, dann belügen wir uns meist selbst. Oftmals ist der einzig wahre Grund die eigene Angst, den anderen zu verlieren. Ebenso ist es auch bei deinem Umfeld. Kennst du den Spruch „Du hast dich aber ganz schön verändert …“? Na hoffentlich! Es wäre doch schlimm, wenn wir uns nicht permanent wieder verändern würden und ein Leben lang stillstehen, oder? Ohne Entwicklung wäre das Leben trist und eintönig. Lass dich also nicht von möglichen Rettungsversuchen deines Umfelds beeinflussen und gehe deinen Weg. Solltest du Menschen haben, auf deren Meinung du absoluten Wert legst, dann hinterfrage dich wieso und ob deren Meinung auch einen tatsächlichen Wert hat. Wenn dem so ist, dann frag bei ihnen nach Rat und befolge diesen auch. Wenn du einen Coach hast und er dir von etwas abrät, dann hat er vermutlich recht. Doch auch ein Coach ist nicht immer frei von Ängsten. Hinterfrage also auch hier, mit welcher Absicht dein Coach dir einen Ratschlag gibt und ob er dich fördert oder eher zurückhält. Es gibt solche und solche Coaches.

Dein Fazit: ____

Mache dir immer wieder bewusst, was deine Alternative ist

Was ist deine Alternative? Zurück zu deinem alten Leben? Ist das wirklich eine Alternative? Für mich ist es keine mehr. Ich möchte nie wieder in mein altes Leben zurück. Einige Aspekte davon sind cool und ich liebe einige Menschen, die in meinem alten Leben sind, keine Frage. Dennoch ist die Gesamtheit keine Option mehr. Wie ist das bei dir? Warum machst du das, was du gerade tust oder was du tun willst? Entweder du gehst All-In und brennst für deinen Weg, oder das Scheitern ist schon vorprogrammiert. Du kannst genauso gut direkt dableiben, wo du bist, bzw. dorthin zurückgehen, wo du hergekommen bist, wenn du es nicht ernst meinst. Eine andere Möglichkeit ist gar nichts zu tun. Einfach den ganzen Tag „chillen“ und in den Tag leben. Es gibt viele Menschen, die sich für diesen Lebensstil entscheiden. Ist das auch dein Traum? Dann kündige deinen Job, melde dich arbeitslos und beantrage Hartz IV. Besser noch, lass dich kündigen und kassiere erst noch Arbeitslosengeld. Oder du strebst nicht danach, frei zu sein. Dann ist es ohnehin egal, was du tust. Egal, wie du dich am Ende entscheidest, sei dir immer bewusst, welche Alternativen du hast. Es gibt immer Alternativen. Die Frage ist nur, ob sie für dich in Frage kommen.

Dein Fazit: ___________________________________

Gehe immer mit Humor und Spaß an die Sache heran

Wenn du dich auf den Weg machst, dann tue dir bitte selbst den Gefallen und habe Spaß daran. Eine der wichtigsten Eigenschaften des Lebens ist Humor. Ohne Humor macht das Leben in meiner Welt keinen Sinn. Lachen gibt so viel Energie, und gemeinsam zu lachen, verbindet ungemein. Das Leben ist ein Geschenk, und über Geschenke freust du dich doch, oder? Also genieße das Leben, nimm dich selbst nicht zu ernst und habe Spaß bei allem, was du tust. Mit Humor werden auch Herausforderungen leichter, und mit Leichtigkeit ist es möglich, große Veränderungen in wenig Zeit zu vollziehen. Ich liebe es, mich mit Menschen zu umgeben, mit denen ich Spaß haben und lachen kann. Und wenn dabei noch Großartiges geschaffen und etwas in der Welt bewegt wird, dann ist das hervorragend! Was könnte es Schöneres geben?

Dein Fazit: ___________________________________

Zweifle nie an dir und deiner Vision

Es kann immer wieder Momente geben, in denen du erneut anfängst zu zweifeln. Ob eine Konversation mit einem geliebten Menschen, der dir Flöhe ins Ohr setzt, dass dein Weg doch nicht der richtige sei oder ein Ereignis, das dich an der Verwirklichung deiner Vision oder sogar der Sinnhaftigkeit zweifeln lässt. Egal, was auch passiert oder was dir gesagt wird, halte an deinen persönlichen Werten und deiner Lebenseinstellung fest, solange es sich für dich gut anfühlt und du damit keinen anderen

Menschen schadest. Die größte Maxime sollte immer sein, dass du etwas tust, das dir selbst und der Welt guttut. In welcher Form, entscheidest du für dich. Es gibt viele Wege, die zu einer besseren Welt führen, und ich bin mir sicher, dass auch nicht jeder für jeden Weg gemacht ist, sondern wir unterschiedliche Qualitäten haben, die wir einsetzen können und auch sollen. Du bist großartig und gehst deinen Weg. Zweifel haben hier keinen Platz. Gehe den Weg, und wenn du merkst, dass es nicht der richtige ist, dann beschreite einen neuen Weg. Zweifle nie an dem, was du tust und vor allem nicht an der Person, die du bist.

Dein Fazit: ____

Wenn du doch mal zweifelst, brauchst du jemanden, der an dich glaubt

Auch wenn du gefestigt und in dir stabil bist, können Zweifel aufkommen. Gerade in solchen Momenten ist es absolut entscheidend, jemanden an deiner Seite zu haben. Ohne Coaches an meiner Seite, die mich immer wieder nach meinem Wohlbefinden und meinen aktuellen Befindlichkeiten und Gedanken befragen würden, hätten mich schon einige Zweifel meinen Weg gekostet. Durch das Coaching ist eine neue Geschwindigkeit in meine Entwicklung gekommen, und das Leben galoppiert in einem so hohen Tempo davon, dass ich selbst manchmal nicht verstehe, was passiert. Umso wichtiger ist es, eine permanente Betreuung zu haben. Es ist also wieder wichtig, für dich zu hinterfragen, was du willst und danach deine Entscheidungen auszurichten. Für ein Leben mit einer langsamen Entwicklung oder einem gewünschten Stillstand benötigst du keine helfende Hand. Hier ist es vollkommen in Ordnung, den Weg allein zu gehen und das Leben so zu nehmen, wie es kommt. Willst du in einem möglichst hohen Tempo hoch hinaus, dann ist ein Entgleisen ohne erfahrenen Begleiter vorprogrammiert.

Hole dir Unterstützung und investiere in deine Zukunft und

deine Freiheit.

Dein Fazit: ______________________________________

Die meisten entscheiden erst, wenn es zu spät ist

Zögere nicht und gehe jetzt in deine Entwicklung. Verschaffe dir jetzt Klarheit. Baue dir jetzt dein Traumleben auf. Hole dir jetzt Unterstützung. Worauf wartest du noch? Oder bist du schon auf deinem Weg? Gibst du schon alles für deine Ziele? Bist du fokussiert? Bist du klar? Wenn nein, dann wird es allerhöchste Zeit, denn Zeit ist das knappste Gut, das es in deinem Leben gibt. Sie ist das einzig knappe Gut. Nutze also die Zeit, die du hast und die dir für deine Veränderung und die Erreichung deiner Ziele bleibt. Da du nicht mit Sicherheit weißt, wie lange du noch hast, solltest du direkt anfangen. Gib dir jetzt selbst klare Commitments ab, was du änderst und entscheide dich jetzt, was du bis wann tust.

	Dein Commitment	Bis wann?
1.)	______________________	__________
2.)	______________________	__________
3.)	______________________	__________
4.)	______________________	__________
5.)	______________________	__________
6.)	______________________	__________
7.)	______________________	__________
8.)	______________________	__________

9.) ______________________________ ________

10.) ______________________________ ________

Jetzt hast du deine Entscheidungsgrundlage klar definiert und deine Commitments abgegeben. Was ist das für ein Gefühl?

Dein Fazit: ________________________________

Bist du bereit für dein neues Leben?

Du hast die Entscheidung. Immer im Leben hast du die Entscheidung, was du tust. Alles ist aufbereitet, und du darfst dich jetzt fragen, ob du bereit bist für dein neues Leben. Stell es dir ganz genau vor. Wie fühlt es sich an? Etwas Gänsehaut ist an dieser Stelle ein gutes Zeichen. Solltest du keine haben, musst du aber auch nicht verzweifeln. Jeder Körper reagiert anders. Klar ist, dass du bereits alles in dir trägst, das du brauchst. Du hast das Zeug dazu, ein entscheidendes Leben zu führen. Es liegt jetzt nur an dir, ob du bereit dazu bist. Es ist deine Entscheidung.

Was ist die eine Erkenntnis, die dein Leben verändert und dich nachhaltig zu deinem persönlichen Erfolg bringt?

Dein Goldnugget:

____

Abschlussworte

Lieber Leser,

es ist kaum in Worte zu fassen. Das erste Buch ist geschrieben, und ich bin überglücklich. Es war ein spannender, wunderschöner und gleichermaßen anspruchsvoller Prozess.
In der Zeit zwischen dem ersten Gedanken daran und der konkreten Umsetzung hat sich das Thema immer wieder gewandelt. Ich war mir nicht hundertprozentig sicher, mit was ich dir den größten Mehrwert stiften kann. So habe ich mich immer wieder neu auf die Suche begeben nach der finalen Inspiration für das erste Buch.

Da es mir immer darum geht, Menschen zu unterstützen, in die Entwicklung zu kommen, einen großartigen Mehrwert zu schaffen, mein Potenzial zu nutzen und dabei selbst glücklich zu sein, war die Zeit gekommen, dieses Werk zu verfassen.
Durch das Schreiben dieses Buches sind mir bereits zig weitere Ideen für Bücher gekommen und in dem Moment, als dieses Buch sich im ersten Druck befunden hat, habe ich bereits den Schreibprozess für das nächste Buch gestartet.

Ich hätte nie für möglich gehalten, dass mir das Schreiben so einen großen Spaß bereitet und es mich dermaßen beseelt. Immer wieder kam mir beim Schreiben der einzelnen Zeilen der Gedanke durch den Kopf „Hätte ich das ganz am Anfang gelesen …“ oder „Hätte ich diese Übung gekannt und gemacht …“. Was hätte das in meinem Leben verändert? Ich weiß es nicht, aber es hat sich zumindest so angefühlt, als hätte es viel bewegt und mich am Beginn meines Erfolgsweges bestens angeleitet.

Du hingegen kannst es für dich beurteilen. Du hast das Buch über die letzten Stunden, Tage, Wochen oder Monate hinweg gelesen und im besten Fall die Übungen dazu gemacht. Wenn dir das Buch geholfen hat und du eine positive Entwicklung feststellen kannst, dann hinterlasse doch bei Amazon eine Bewertung zu dem Buch. So kann ich sehen, was es dir konkret gebracht hat, und gleichzeitig sehen auch andere Menschen, was es für sie in ihrem Leben bewegen könnte. Wenn du das aus irgendeinem Grund nicht möchtest, dann darfst du auch gerne über die sozialen Medien mit mir in Kontakt treten und mir dort dein Feedback zum Buch schreiben. Ich freue mich darüber und bin dir sehr dankbar dafür.

Positives Feedback ist für mich pure Energie, und wenn du noch viele weitere Bücher von mir lesen willst, dann spornt mich deine positive Nachricht dazu immens an.

Wenn du eine außerordentlich geniale Entwicklung gemacht hast, dann verschenke ein Exemplar des Buchs oder empfehle es aktiv weiter. Wenn du aktiv mit dem Buch gearbeitet hast, bist du auch herzlich eingeladen, auf eines meiner Seminare zu kommen und dort deine Entwicklung in einem noch intensiveren Maße voranzubringen.

Egal, was du jetzt machst, wichtig ist, dass du für dich alles Notwendige und Sinnvolle aus dem Buch mitnimmst und in deine von dir gewünschte, nachhaltige Veränderung kommst und deinen persönlichen Erfolgsweg beschreitest.

Mit diesen Worten verabschiede ich mich und wünsche dir alles Gute für deinen weiteren Weg und freue mich, von dir in irgendeiner Form zu hören oder zu lesen.
Fühle dich herzlich umarmt und gehe deinen Weg!

Mit besten Grüßen

Dein Tibor Mink

Deine Goldnuggets:

Schreibe all deine Goldnuggets hier auf und notiere dir, bis wann du sie umgesetzt hast.

	Deine Erkenntnis	Bis wann?
1.)	______________________________	__________
2.)	______________________________	__________
3.)	______________________________	__________
4.)	______________________________	__________
5.)	______________________________	__________
6.)	______________________________	__________
7.)	______________________________	__________
8.)	______________________________	__________
9.)	______________________________	__________
10.)	______________________________	__________
11.)	______________________________	__________
12.)	______________________________	__________
13.)	______________________________	__________
14.)	______________________________	__________

Tibor Minks Dienstleistungen

Um den maximalen Mehrwert zu bieten, reicht es nicht aus, nur eine Sache zu machen. Es gibt viele Möglichkeiten, Menschen auf ihrem Weg voranzubringen. Ebenso gibt es verschiedene Zielgruppen, die unterschiedliche Angebote suchen. Während die Einzelperson gerne ein Coaching in Anspruch nehmen oder ein Seminar besuchen möchte, will ein Geschäftsführer oder Unternehmensinhaber für seine Mitarbeiter möglicherweise einen spannenden Vortrag, um sie zu motivieren oder zum Lachen zu bringen.
Da Tibors höchstes Ziel ist, sein volles Potenzial zu nutzen und damit der Welt einen größtmöglichen Nutzen zu stiften, bietet er einige seiner Fähigkeiten als Dienstleistung an.

Seminare

Zu den Themen Selbstwert aufbauen, Entscheidungen treffen, Mindset stärken, Kommunikation optimieren, Raus aus dem Hamsterrad und vieles mehr.

Für wen: Einzelpersonen, die ein glückliches, effizientes, erfolgreiches und/oder selbstbestimmtes Leben möchten und hierfür bereit sind, an sich zu arbeiten.

Warum Tibor Mink: Seine Seminare sind gleichermaßen individuell und persönlich wie auch umsetzungsorientiert und interaktiv. Wer sich darauf einlässt, erfährt wirkliche Veränderung in wenigen Tagen.

Coaching

Persönliches Coaching an sich ist die Königsklasse, um in Prozesse zu gehen und eine Veränderung hervorzurufen. Es gibt im Persönlichkeitsentwicklungsbereich zig unterschiedliche Coaching-Methoden, die alle mehr oder weniger zu Ergebnissen führen. Um tiefe und nachhaltige Veränderung zu erzeugen und in einem hohen Tempo voranzukommen, ist es hierbei entscheidend, tief in die Persönlichkeit einzusteigen. Das ist face-to-face in einem besonderen Rahmen am effektivsten. Deshalb gibt es das VIP-Coaching, das dich in eine neue Welt führt und dir im persönlichen Kontakt einen völlig neuen Weg aufzeigt.

Für wen: Einzelpersonen, die bereit sind, All-In zu gehen, um auch All-Out zu bekommen. Coachings sind für diejenigen, die aus der Normalität raus und in ein entscheidendes Leben möchten. Hierbei spielt es keine Rolle, ob du bereits Unternehmer oder Einzelperson bist. Es ist einzig und allein dein Wille zum Erfolg entscheidend.

Warum Tibor Mink*:* Als emotionaler, liebevoller und gleichzeitig konsequenter Mensch zeigt dir Tibor eine Welt, wie du sie nicht kennst und führt dich zu deinem individuellen und persönlichen Erfolgssystem.

Podcast Interviews

Podcasts sind immer wieder inspirierend und eine großartige Möglichkeit, Menschen einen großen Mehrwert mit geringem Aufwand zu bieten. Interviews ermöglichen einen tiefen Einblick in die Persönlichkeit eines Menschen und helfen anderen, mit den persönlichen Eindrücken Schlüsse für ihr Leben zu gewinnen.

Für wen: Podcaster, die Interviews führen und geübte Interviewpartner mit einer Geschichte suchen.

Warum Tibor Mink*:* Weil er als Gesprächspartner interessante

Sichtweisen auf das Leben gibt und viel aus seinem Privat- sowie seinem Berufsleben preisgibt, was für die eigene Community sehr spannend ist.

Stimme

Eine schöne Stimme ist etwas Wundervolles. Stimmen können einen Wiedererkennungswert haben, wie es kaum etwas anderes hat. Eine Stimme wird immer dann besonders wichtig, wenn es darum geht, dem Zuhörer einen Text über Video- oder Audioformate zu vermitteln.

Für wen: Buchautoren, die ihr Werk als Hörbuch aufsprechen wollen und dafür eine tiefe, bestimmte und lockere Stimme suchen.

Warum Tibor Mink*:* Tibor hat mehrere Speaker-Ausbildungen durchlaufen, einen eigenen Podcast sowie sehr viel Erfahrung im Kundenkontakt. Er wird immer wieder auf seine Stimme angesprochen. Hör sie dir an und überzeuge dich selbst.

Vorträge

Ein Vortrag bewegt Menschen. Ob ein lustiger Vortrag zum Aufheitern, eine besondere Rede auf einer privaten Veranstaltung oder ein Vortrag im Rahmen einer Unternehmensfeier, es ist immer jemand gefragt, der die Menschen mitreißt und bewegt. Tibor bietet Vorträge zu verschiedenen Bereichen der Persönlichkeitsentwicklung an, die zum Nachdenken anregen und gleichermaßen erheiternd sind.

Für wen: Unternehmer, die geniale Vorträge für Veranstaltungen suchen.

Warum Tibor Mink*:* Weil er als Mensch selbst gerne lacht und andere zum Lachen bringt. Tibor hat Erfahrung auf der Bühne und im Rahmen mehrerer Speaker-Ausbildungen seine Erfahrungen vertieft. Seine Art berührt Menschen im Herz und bewegt sie auch noch nach dem Vortrag.

Kommunikationstrainings in Unternehmen

Kommunikation ist allgegenwärtig in unserem Alltag. Paul Watzlawick hat schon gesagt, dass man nicht nicht kommunizieren kann. Umso wichtiger ist es also, eine ausdrucksstarke, klare und farbenfrohe Kommunikation zu haben. Im Rahmen von mehrtägigen Kommunikationstrainings lassen sich Probleme schnell erkennen und auflösen.

Für wen: Geschäftsführer und Mitarbeiter, die ihre Kommunikation optimieren wollen oder sollen.

Warum Tibor Mink*:* Tibor hat selbst an mehreren Sprachtrainings und Ausbildungen teilgenommen und mittlerweile viel Erfahrung im Bereich Kommunikation durch eigene Erfahrungen im Bereich Teamführung und eine Vielzahl an Seminaren und Trainings, die er in diesem Bereich bereits gegeben hat. Die Kombination aus Wissen, Techniken, eigenen Erfahrungen und vielen Praxisübungen bildet eine kraftvolle Basis für schnelle und nachhaltige Veränderung der Kommunikation der Teilnehmer.

Melde dich bei Fragen oder Interesse bitte bei

Tibor Mink

E-Mail: buch@tibormink.de

Instagram: @tibormink

Aktuelle Seminarangebote und vieles weitere findest du unter

www.tibormink.de

Wer ist Tibor Mink

Tibor Mink hatte in seiner frühen Jugend bereits die Vision, später Jugendlichen zu helfen, die vom Weg abgekommen waren. Hierzu wollte er halbtags als Informatiker Geld verdienen und den Rest der Zeit als Streetworker mit jungen Menschen arbeiten. Er sah sich durch seine eigenen Erlebnisse in der Lage, diese Menschen zu verstehen und ihnen aus der Misere zu helfen.

Um seinem Ziel näher zu kommen, begann er sein duales Studium in Wirtschaftsinformatik. Noch bevor er dieses erfolgreich abgeschlossen hatte, dämmerte ihm, dass der Weg des Streetworkers womöglich nicht die für ihn sinnvollste Art zu helfen sei.

Durch einen sparsamen Lebensstil und den frühen Drang, Geld zu verdienen und verschiedene Einkommensquellen zu haben, hatte Tibor schon während seines Studiums eine gute finanzielle Basis und viele Rücklagen. So kam es dazu, dass er sich mit dem Thema Finanzen und speziell Investment genauer auseinandergesetzt hat. Er stellte fest, dass die Berater seiner Hausbank in diesem Bereich keine Expertise besaßen und machte sich so auf die Suche nach Finanzdienstleistern, die ihm eine ordentliche Beratung bieten konnten. Nachdem er nicht fündig wurde, setzte sich Tibor selbst mit dem Thema auseinander und half immer mehr Freunden und Bekannten bei Unklarheiten. Auf ein Angebot eines Finanzdienstleisters und den Zuspruch seiner damaligen Partnerin hin entschied sich Tibor, parallel zu seiner Anstellung im Projektmanagement eine Selbstständigkeit in der Finanzbranche aufzubauen. Nach wenigen Wochen kam dann die Erkenntnis, dass aufgrund der miserablen Situation in der Branche ein Einstieg ein Leichtes und der Mehrwert für die Gesellschaft gigantisch war. So entschied sich Tibor, direkt nach dem Kauf seiner ersten Immobilie, die Kündigung bei seinem Arbeitgeber einzureichen und den Fokus auf den Aufbau der Selbstständigkeit zu legen.

Im ersten Jahr seiner Selbstständigkeit merkte Tibor schnell, dass er zwar eine hohe Kompetenz im Bereich Finanzen hatte und Menschen damit schon einen großen Mehrwert bieten konnte, es ihn jedoch nicht gänzlich erfüllte. So entschloss er sich, aufgrund der jahrelangen Erfahrungen im Bereich der Führung von Menschen und angetrieben durch die bereits getroffenen großen Entscheidungen, anderen Menschen direkt im Bereich Persönlichkeitsentwicklung zu helfen. Er gründete mit einem Geschäftspartner parallel ein Unternehmen im Bereich Public Speaking, und so erreichte er Hunderte von Menschen zu seinem Herzensthema.

Nach dem Ausbau seiner Finanzdienstleistungstätigkeit zu einem 15 Personen starken Team und vielen Vorträgen und Seminaren im Bereich Persönlichkeitsentwicklung, entschloss sich Tibor, den Fokus nun voll auf das Thema Coaching und auf Seminare im Persönlichkeitsentwicklungsbereich zu legen.

Durch etliche besuchte Seminare, eigene Coachings, die er in Anspruch genommen hat, ein mittlerweile sechsstelliges Investment in sich selbst, sowie viele eigene Erfahrungen aus seiner jahrelangen Selbstständigkeit und den Erlebnissen drum herum, gibt Tibor heute seinen Teilnehmern auf seinen Seminaren eine Grundlage für große Veränderung. Er führt Menschen in die Freiheit und hilft dabei, das eigene Potenzial zu erkennen und zu entfalten.

Tibor zeichnet sich durch seine herzliche und verständnisvolle und gleichermaßen bestimmte Art aus und bewegt so die Herzen seiner Zuhörer bei Vorträgen und seiner Teilnehmer bei Seminaren.

Heute ist Tibor Inhaber der BOOM GbR, Buchautor, Gesellschafter eines Finanzdienstleistungsunternehmens sowie Coach, Trainer und Mentor für viele Menschen.

Notizen:

FSC
www.fsc.org
MIX
Papier aus verantwortungsvollen Quellen
Paper from responsible sources
FSC® C105338